Stephen Turnbull

著者简介

斯蒂芬·特恩布尔

英国利兹大学名誉讲师、英国伦敦大学亚非学院研究助理、日本国际教养大学客座教授，中古欧洲和远东军事史专家。著有《武士传奇》《最后的武士》《文艺复兴时期的战争艺术》等。

译者简介

刘恒旺

早稻田大学国际交流学硕士，发表过数篇翻译理论研究论文。

后浪出版公司

武士

Samurai

刘恒旺 译

［英］
斯蒂芬·特恩布尔 著
Stephen Turnbull

廣東旅游出版社
GUANGDONG TRAVEL & TOURISM PRESS
中国·广州

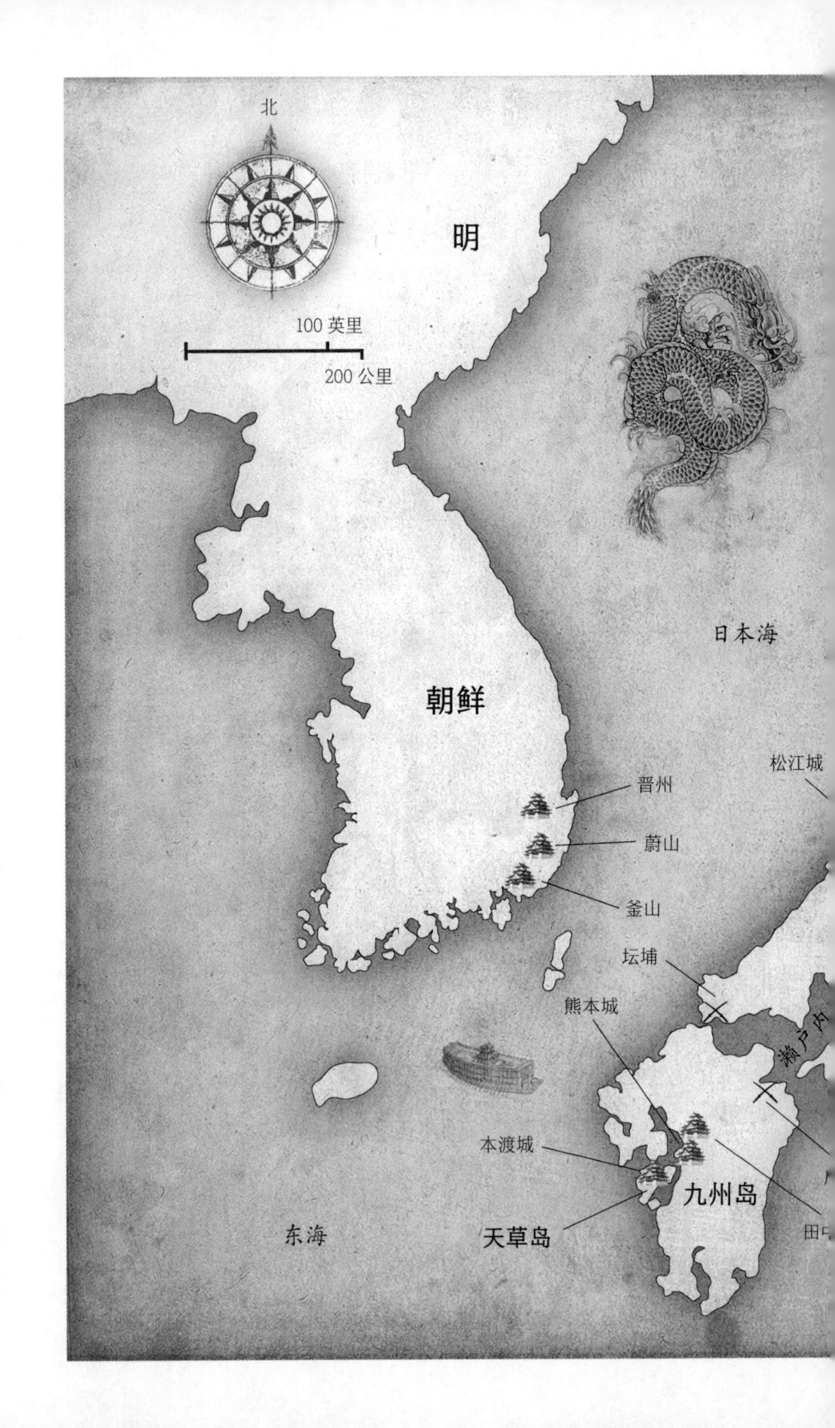
北
明
100 英里
200 公里
日本海
朝鲜
松江城
晋州
蔚山
釜山
坛埔
熊本城
本渡城
九州岛
天草岛
东海

东北地方
大森城
西马音内城
岐阜城
关原
俱利伽罗
川中岛
日本
琵琶湖
藤岛
沼田城
京都
逆井城
关东
见城
河越城
本州岛
江户（东京）
富士山
新井城
长筱
山城
镰仓
小田原城
长久手
岛
桶狭间
村木砦
安浓津城
凑川
山崎
大坂城
宇治
太平洋

目　录

英文版译者说明

《武士》（日文原书名为《武家物语》）是1615年由马渡防牛编纂的一本出色的武士指南。马渡防牛（1549—1615年）是日本东北地区常陆国的藩主，是德川秀忠（1579—1632年）麾下有名的武士。德川秀忠是幕府将军，代替天皇统治日本。

防牛（这是马渡于1611年皈依佛门时取的名字）是16世纪最伟大的武士之一本多忠胜（1548—1610年）的弟弟。1560年，马渡家的老家主逝世时未留下任何子嗣，于是马渡家收养了他并让他继承了家业。不过，防牛继承了本多家数百年来一直为德川家效力的传统，在小牧·长久手之战、小田原之战和关键的关原之战中忠心耿耿地为德川家康而战。关原之战后，德川家康接受了古老的征夷大将军之位，并将富饶的常陆国封给了防牛，以表彰其在这场战役中的出色表现。1605年，德川家康把将军之位交给三子秀忠。1611年，防牛被第二代将军秀忠封为管领。1615年，激烈的大坂之战尚未结束，将军便命防牛编纂一部《武家物语》来教育年轻的武士。将军甚至亲自为这本书写了序言，这一无上殊荣足以体现幕府对该书的高度重视。

序　言

年轻人，你想成为武士吗？乍一听这个问题，你是不是很吃惊？你是不是觉得我在暗示你是农民或商人之子？当然不是。放心吧，你已经是一名武士了，因为你本就出身于武士这一荣耀的阶层。你生来就是武士，没有人能剥夺你与生俱来的权利。

正如我们的大管领所写，这本书是为了帮助年轻武士从生来就拥有崇高社会地位的幸运儿成长为真正的武士——在战场上无所畏惧，通晓战争与和平之道，拥有出色的处理政务的能力，足以成为其他阶层的表率，能为先祖增光。

那么，在我国辉煌的历史上，为何偏偏选了现在这个时候来写这本书呢？多亏了家父非凡的德行与智慧，我们现在生活的时代和平且富足，乃是弥勒佛的时代（神佛将至）。莫非不是如此吗？的确是。在如今的元和元年——天子后水尾天皇陛下在位的第十五年，日本第一任天皇神武天皇即位以来的第两千两百七十五年，用中国的历法来算是乙卯年——我们确实很幸运。

但要注意，本书下文中所有的日期都将用“南蛮”（欧洲人）的记录方式来表示。为什么我会选择做这样一件难以启齿的粗鄙之事？我听到你这样问。我的回答是，我希望这本书不仅可以被像你这样的年轻武士读到，也能传阅至海外的蛮荒之国。这样一来他们就会知道我国的武德与辉煌的军事成就，并为此战栗。

根据南蛮的纪年方式，今年是 1615 年。我的儿子兼继承人家光已在德川家的荣光中生活了十五年。念及此，我的内心就充满自豪。确实，在 1600 年的一个吉利日子，家父在关原之战中消灭了那些否认其至高德行的愚蠢至极之人。最终家父恢复了将军之位——由于罪人的恶行，将军一职曾惨痛地遭到弃置——并由此使我们的国家重返和平局面，带领我们的军队走向胜利，将其智慧与美德远播海外。我尽我所能继续家父之业，当我大限到了，和家父一样成为黄泉之客时，我心爱的儿子家光便会继任将军之位，并继续我们的宏图伟业。

因此，年轻人，研读本书并全身心投入书中去吧，未竟之业仍有很多。在凛冬之时，一群盘踞在大坂城高墙之内的乌合之众愚蠢地挑战我们的德政。由于家父杰出的军事才能，动乱已经被平息了。但即便在我撰写此序时，也听到有传言说同一批叛贼正在重新挖掘大坂城的护城河。那条护城河我们曾出于怜悯用大坂城的城墙将其填平。因此，德川家麾下的武者们，在对德川家有着无穷无尽忠孝倾慕之心的日本大名手下的武士们的忠实辅佐下，必须再度聚在一起，进行最后的惩处。

年轻人，读了本书，你也许就能成为一名真正的武士，立身于大坂的战场之上。

愿众神诸佛保佑！愿神佛惩处所有恶徒！

征夷大将军　德川秀忠

前　言

我本卑微，幸得将军青睐，受命撰写此书，恰如同天上的太阳降落于废物堆中一般。而将军殿下为拙作撰写序言，则如同苍龙落鳞于粪坑。与将军殿下精妙绝伦的书法比起来，在下的胡乱书写就跟狗在篱笆上留下的抓痕差不多。在将军殿下辉煌军事能力的庇荫之下由卑微如蠕虫的在下来详述军事相关的事情就像天上四神之怒落在了一条磨牙的沙丁鱼身上。我那对于政事匮乏可怜的评述和将军殿下的比起来就像夜间蚯蚓放的屁之于战马的骇人气息。

于此我谨以最深沉的敬意、无边的感激之情及谦逊之心写下一些拙见。

将军府管领兼常陆国主　马渡防牛

1

当今日本：武士人人须知

天照大神光辉普照四海诸国，日本应天命而生，

乃天照大神母国，为万国之源，独秀于世界诸国之林。

——本居宣长，《古事记传》

✢ ✢ ✢

我国的优越性

我国乃神国，得上天偏爱。随后你会读到那些保佑我国的神明，以及他们赐予我们的种种福祉。武德便是其中之一，它体现在像你这样的武士身上。我国的赫赫威名不正是拜锋利的武士刀所赐吗？除了武德名扬四海，我国亦因良好的治理而与众不同。

所有这一切都应归于天意。将日本与天朝中国做一对比，你就能够更好地理解这一点。中国的天子受天命治天下。但天命随时可能被收回，因此有了朝代更迭——唐朝灭亡，宋朝兴起；宋朝灭亡，元朝兴起；元朝又被现在的明朝取代。不知道哪一天，

甚至连强大的明朝也会失去天意。但日本并非如此。天皇万世一系，当今的天皇是第一代天皇的子孙，以后的天皇也会如此。

不仅如此，日本还受到了双重祝福。几个世纪之前，某位天皇授予杰出的武士源赖朝征夷大将军之位，让其代自己治理日本。源赖朝凭借高尚的品德和辉煌的战绩确保日本和平安宁。源赖朝是镰仓幕府第一代将军，而现在统治日本的是德川幕府，将军是德川秀忠。等你成年之后，你就能加入他统治下的伟大幕府，得到一个虽小却重要的职位，进入官僚体系。在忠心耿耿的幕府官员的治理下，日本的一切井井有条。

我该如何说明这个和谐的体系呢？让我们想象举世无双的富

后宇多天皇，13 世纪元朝征伐日本时的天皇。那段时期是幕府历史上的光辉时刻，日本上下齐心，共抗元军。只有在这种情况下，人们才会记住天皇的业绩

士山，想象它美得令人惊叹的完美山体。如果把日本想象成富士山，位于山峰的便是统治阶层。立于山顶的是日本天皇，他比其他人更接近上天，因为他是天神的后裔。无数年前，太阳女神天照大神降临人间，命天孙管理我们的国家，他就是第一位天皇。自那之后，天照大神的子孙世代继承天皇之位。现在统治我国的是后水尾天皇，我们正沐浴在他的恩泽之中。

有一个人的地位仅次于天皇。他代天皇治理国家，以免琐屑的政事令天子无暇的美德蒙尘。这个人就是征夷大将军。唉！因为罪孽深重之人的恶行，我国曾经多年没有将军。但我何其有幸，生逢这个伟大的时代，亲见东照神君再登将军之位。现在继承将军之位的是东照神君之子秀忠。

在这两位大人物之下的是听命于他们的公卿贵族。他们是睿智的大臣和学者，其中一些人是天皇或将军的族人。在公卿贵族

左图是一名手持折扇端坐的武士。他仅仅佩带短刀（肋差），把长刀放在门口——这是必要的礼节，以示对主人的尊重

之下的，就是像你一样成千上万的武士了。武士人数众多，能够完全覆盖富士山的山坡。武士之下是农民，他们的人数更多。农民虽然粗衣素食，但他们的辛勤劳作值得敬佩。上天赋予他们的角色便是种植稻米，稻米同样是神赐之物。

接下来我们可以看到再往下一圈的人。他们虽然衣着光鲜，其中很多人穿着上好的丝衣，但他们的行当没有这么光鲜——他们是做买卖的商人。许多人靠经商发了家，财产甚至多过高贵的武士。当然，武士的财富并不在钱财。一些有点名气和地位的匠人也属于这个阶层。他们铸剑、雕刻象牙、制作卷轴画或者印刷书籍。如此精美之物竟然出自这样一群粗人之手，简直不可思议！

商人之下的一群人复杂多元，他们因为自身的社会地位而处

左图中的两个箍桶匠正在做一个大清酒桶。这类工作一般由住在城里的工匠或商人来做，他们的地位远不如武士

于山坡的更低处。他们中有演戏的、唱歌的、表演木偶戏的、变戏法的、跳舞的，以及其他身份卑微的人。但是他们这群人也包括受过教育，有良好德行的医生或神职人员。如果这些人能受上天眷顾，出生在地位更高的家庭，他们也许可以跻身武士之列。遗憾的是，事实并非如此。

最后，位于山脚下遭众人嫌弃的是所谓的“贱民”。他们的地位低下，因为他们所做的行当十分肮脏或者与动物有关。他们宰杀动物，制作皮革，或者处决罪犯，处理尸体。这些人与乞丐、杀人犯和无家可归者一样，受人冷落，只能躲藏在阴暗处，享受不到山顶圣光的照耀。

至于上下相处之道，孔子曾经说过，君使臣以礼，臣事君以忠。他明白国家理想的状态就是政通人和，而要实现政通人和，这是唯一的方法。一个人生来属于哪个阶层，他就必须一直属于那个阶层。年轻人，你受上天庇佑，有幸生为武士。你将运用上天赐予你的德行为主君效命，并管理百姓。

日本的历史

正如伟大的将军所言，如今我们生活在太平盛世，社会丰裕，黄金堆积如山，外夷竞相前来朝贡。这样的幸福生活完全是武士用鲜血换来的。你现在正立志要成为一名合格的武士。恕我斗胆述说德川家武士如何战胜敌人，成就当今日本的历程，作为本书开篇。

多年前，“武士”和“将军”这两个词尚不为人所知。在那个落后的时代，日本的天皇不明智地效仿中国唐朝的模式，以为靠征召农民从军就能保证国家的安宁。他们受了多么严重的误导啊！就因为这个原因，他们在 710 年模仿唐朝的都城长安建了平城京，但那里很快成了叛乱者和心怀不满的人攻击的目标。此外，我国的边境也不时受到外夷的威胁。好在早期的天皇手下有许多骄傲的守护大名家族，他们辛苦耕耘，终于将贫瘠的土地开垦成良田，并在他们不大的领地上发展了工商业。这些土地所有者不可避免地遭到邻居的嫉妒。为了捍卫自己的领地，他们只能诉诸武力，从而培育出了强大的武德。出于对天皇的无上忠诚与慷慨，这些守护大名让手下英勇的战士为天皇效力，这些战士被称为“侍”，也就是武士。由此武士开始侍奉天皇，为其讨灭叛贼，守卫边境，从而拥有了武者的荣耀。

唉！1160 年，一个名为平清盛的勇猛的武士领袖居功自满，为了一己私欲谋取权力。他让女儿嫁给高仓天皇，后来他的女儿生下了安德天皇。于是，他便以天皇外公的身份支配朝政，将权力攥在自己手中。幸运的是，当时日本还有一个拥有强大武力而且武德充沛的家族——清和源氏。当今的将军便是源氏后裔。源氏挺身而出，经过艰苦且漫长的战争讨灭了平清盛。这场从 1180 年一直持续到 1185 年的战争就是大家熟知的源平之战。天皇感念源氏之功，恳请其首领源赖朝出任将军之职。源赖朝为人谦逊，自然想要推辞掉这个前所未有的荣誉，但因为服从天皇意旨乃是他的职责，他便恭谨受命了。

于是，日本的第一位将军开始代天皇治理国家。但到了第三代将军在位时，由于竞争对手北条氏的诡计，源氏绝嗣，幕府暂时无法运作。没有了将军的恩泽，日本再次遭受外来者的攻击。1274 年，元军奉忽必烈之命登陆日本海岸。日本受到攻击，我国英勇的武士惨遭炸药及毒箭的攻击。武士们艰难击退了入侵者，但七年后又来了一批新的敌人，人数之众如同海岸上的颗颗细沙。但我国武士英勇奋战，入侵者撤到船上，就在此时，他们的船被“神风”摧毁，入侵者全军覆灭。这是天皇向上天祈求的结果。

半个世纪后，上天赐予天皇更大的福祉——他惩罚了那些篡夺将军之位的人。1333 年，无数英勇的武士奉天皇之命讨伐了叛贼北条氏。这些武士中有一个名为足利尊氏的人，乃源氏后裔。天皇便命他担任空缺的将军之职。足利尊氏是个谦逊的人，自然不想接受这份荣誉，但——也许你已经猜到了——因为服从天皇意旨是他的职责，他便恭谨受命了。

在接下来的两百年里，足利家出了十五名将军，百姓受他们的庇佑。但到了 1467 年，足利家力量衰弱，无法再控制彼此对立的贪婪的武士家族，日本再次陷入混乱。武士相互争斗，背信弃义的部下反抗自己的主君，甚至连农民和僧人也组织起了军队。走卒贩夫自封大名，修建山城保卫自己的小块领地，社会的等级

两艘满载士兵的船出航，去攻击停靠在博多港的元军战舰。当时是1281年，也就是元军第二次征讨日本期间。击败强大的元军，堪称日本史上最荣耀的事件

秩序荡然无存。这段混乱的时期因此被称作“战国时代”。人们渴望和平，却迎来了更糟的事情。

足利家孱弱不堪，以致当1543年欧洲的外夷来到日本，凭借他们的不义之财和邪教奴役我国百姓时，竟然没有人敢反抗。再没有神风让这些南蛮的黑船倾覆，有的只是一些不择手段的大名。他们被这些邪恶的欧洲人带来的丝绸和异域的财富诱惑、蒙蔽，开始与其通商。一些大名误入歧途，甚至抛弃了日本的神明，接受邪恶的外来宗教。这些叛徒不仅获得了大量财富，还获得了大量武器——外夷给他们带来了铁炮（在欧洲被称为“火绳枪”），一种日本人闻所未闻的武器。

你肯定很清楚，对于真正的武士而言，铁炮是一种卑鄙的武器，武士是不屑于使用这种武器的。但还是有很多人抵抗不了诱

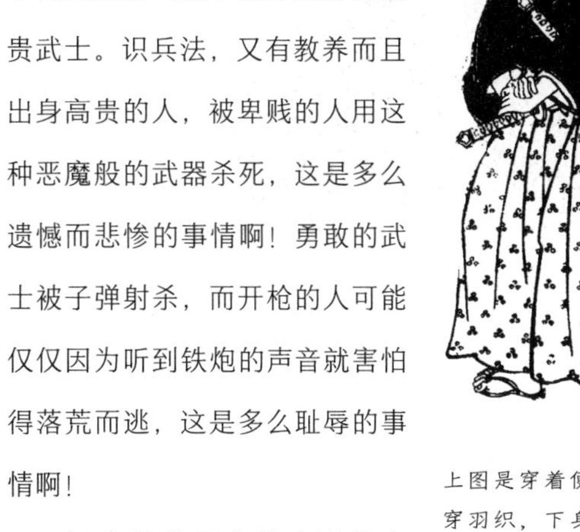

惑，甚至出格地将铁炮发给农民，让他们站到军队的最前排——这个位置从前只属于像你这样的高贵武士。识兵法，又有教养而且出身高贵的人，被卑贱的人用这种恶魔般的武器杀死，这是多么遗憾而悲惨的事情啊！勇敢的武士被子弹射杀，而开枪的人可能仅仅因为听到铁炮的声音就害怕得落荒而逃，这是多么耻辱的事情啊！

上图是穿着便服的武士。他上身穿羽织，下身穿袴，佩带着象征武士身份的两把刀，留着武士典型的发式

好在拯救日本的人即将出现。伟大的德川家康（我们现任将军的父亲）受神佛保佑，用智慧和武勇重拾我国的和平与安宁。家康为人谦卑虔诚。他的领地起初并不大，军队规模也小，所以他耐心等待，看着骄纵的大名互相残杀。

此时，两位伟大的领袖挺身而出，拯救日本百姓于涂炭。第一位是尾张的大名织田信长，德川家康是他的盟友。第二位是丰臣秀吉，他在 1582 年毫不留情地杀死背叛织田信长的明智光秀，为信长报仇雪恨。秀吉（难以置信的是他竟然出身农家）蒙上天厚爱，是战略天才。他在战场上只打过一次败仗，就是在 1584 年的小牧·长久手之战中败给了家康。家康展示了他天下闻名的仁

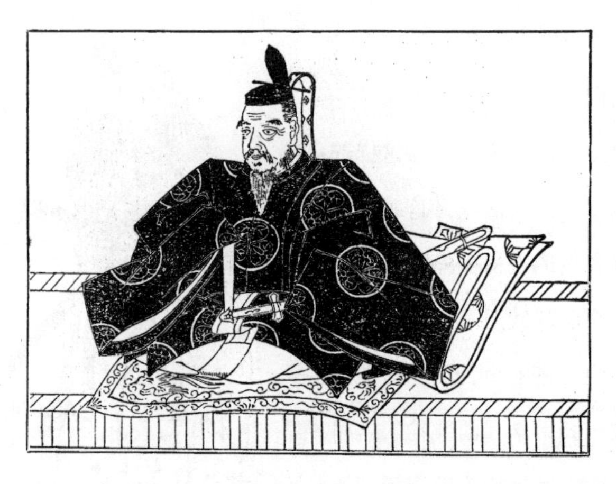

上图是德川幕府第一代将军德川家康，他是第二代将军德川秀忠之父

慈大度，与秀吉结成同盟，并携手使日本在 1591 年再次统一。

可惜啊，秀吉最终也因骄矜自负而身败名裂。1592 年，他派十余万大军入侵朝鲜，并计划进军北京，但他们最终没能到达目的地。家康预见了这个计划本身的愚蠢，明智地拒绝将自己的部下派往朝鲜。其他大名遵从了秀吉愚蠢的决定，结果蒙受了巨大的损失。当战败的日本军队从朝鲜半岛撤回后，他们发现秀吉已经过世了。

无论是秀吉，还是在他之前的信长，在血统上都无法与德川家相提并论。他们本来都有可能登上将军之位，但都不敢接受这份荣誉。天皇万分苦恼，不知该让谁担任将军一职。然而上天有眼，1598 年秀吉过世后，发生了一个奇迹。作为秀吉继承人的丰臣秀赖年仅五岁，显然无法统治这个骄傲的国度。顺应众人请求，

足轻之子丰臣秀吉崛起为日本的统治者。他通过一系列精明的军事行动，于 1591 年统一了日本

伟大的家康将恢复和平与安宁视为己任。悲哀的是，一些人无法理解家康至高无上的德行，以年幼的秀赖的名义反对睿智的家康，并挑起了战端。1600 年，在关原之战中，误入歧途的反叛者被彻底消灭了。

国家之所以能重拾和平，全赖德川家的武勇，因此天皇恳请家康担任将军一职。家康十分谦逊，本想拒绝这份巨大的荣誉，但因为服从天皇意旨是他的职责，他只好恭谨受命了。

1603 年，家康登上将军之位，国家步入太平之世。1605 年，家康将将军之位让给儿子秀忠。我们现在的幸福生活正是拜秀忠将军所赐。

要实现我国百姓热切期盼的幸福和谐，还有一个小小的障碍。秀吉之子秀赖——他的盟友已在关原之战中被消灭，但他仍然固执地拒绝放弃日本统治者的名分——藏身于坚固的大坂城中，反抗拥有无边智慧与武德的将军。我知道像你一样的高贵武士很快就会把他从那里赶走，并严加惩处。一旦完成这件事，和平与安宁将永远降临日本，到时候谁知道日本及其伟大的武士还能再取得怎样的辉煌成就呢?

日本的大名与大名家纹

日本有许多大名。一百年前，在战国时代，他们为一己私利互相争斗。家康在 1603 年出任将军一职时颁布的众多明智的法令中有一条便是将所有大名都移封到新的领地。这些大名现在幸福地生活在新领地，沐浴在德川家的恩德之中。和平与安宁得到了保障。

我先从你说起吧。如果你没有幸运地出生在像纪州德川家或尾张德川家这样的德川家分家（也就是所谓的“亲藩大名”），那么你很可能会听到你的主君被称作谱代大名或者外样大名。二者有什么区别呢?

区别相当大。如果你的主君是谱代大名，那说明他很幸运，他的祖先在德川家并不显赫之时（现在听起来肯定觉得不可思议）就明智地为其效劳。相反，外样大名缺乏判断力，没能早早意识到德川家的智慧与武德。他们中的一些人直到在关原的战场上遭遇惨败，受到严厉的处罚之后，才服从将军仁慈的统治。如今谱代大名拥有富饶的封地，而外样大名的封地仅限于偏远贫瘠之地，这样他们就不会再兴风作浪了。

虽然几乎所有大名现在生活的地方都和他们曾经统治过的领地不同，但区分他们的主要方法还是一样的，那就是家纹。下面的插图展示了本书提及的几位最为显赫的大名的家纹。未来你将看到数百种家纹，我在这里展示的只是几个范例。你肯定一眼就能认出德川家的三叶葵纹。当大名的队列在大道上行进时，武士的旗帜和足轻的铠甲上就绣着这样的家纹。你必须能够一眼识别出这些家纹属于哪一家，这非常重要，具体原因我将在后文阐述。

跪礼

现如今，浩浩荡荡走在日本大道上的常常是藩主的队列。他们或是随藩主去江户参觐将军，或是从江户返回领地。在路上遇到地位更高的藩主时，地位较低的藩主需要下马，并且带着他的所有部下匍匐在地，直到对方走过。“谁应该行跪礼以及幅度多大”这个棘手的问题已经困扰了队列组织者数十年，所以我谨在此提供以下这个便利的礼仪指南。首先要知道对方的身份。我强烈建议走在队列最前面的骑兵身上要绣着家纹，这样就不会造成

德川将军家的三叶葵纹

伊达家的竹雀纹（伊达家的封地为仙台地区，统治范围覆盖日本东北部的大半）

榊原家的源氏车纹（榊原家是德川家最忠实的追随者之一）

广岛浅野家及赤穗浅野家的交错鹰羽纹

本多家的立葵纹（本多家一直追随德川家）

佐竹家的扇纹（佐竹家在关原之战后被移封秋田，以久保田城为居城）

马渡家的骐骥渡水纹（马渡防牛在秀忠将军麾下任管领）

加藤家的蛇之目纹（加藤清正的居城是九州熊本城）

足利将军家的五三桐纹，后来也为丰臣秀吉所用

位于九州南部萨摩藩的岛津家的丸十字纹（岛津家我行我素）

南部家的鹤纹（南部家的封地位于本州岛偏远的东北地区）

柳生家的笠纹（柳生家是德川将军家的剑术指导老师）

困惑，也不会造成流血冲突。

一般而言，行跪礼的对象的地位顺序如下：

1. 德川家
2. 亲藩大名
3. 谱代大名
4. 外样大名
5. 其他人

上图是一名正在向高位者行跪礼的武士。地位较低者通过行跪礼向地位较高者表示敬意

关于跪礼的一般规则就是地位较低的藩主要向地位较高的藩主行跪礼，地位相同的藩主要根据石高（石是大米产量单位，一石米大约可供一个人食用一年）来决定由谁来行跪礼。后一种规则只适用于地位相同的藩主，因为忠诚追随德川将军的谱代大名十分谦逊，他们的石高未必能够反映他们尊贵的地位。谱代大名比那些富有却不那么忠诚的外样大名地位更高。这就是为什么外样大名佐竹义宣（出羽国久保田藩第一代藩主，石高二十万五千石）要向石高不如他的谱代大名酒井忠利（武藏国川越藩第一代藩主，石高三万石）行跪礼的原因。但今后某些藩主的地位会有所变化，所以你得时刻留心。

接受了居低位者的跪礼之后，居高位者要予以回礼，表示已接受了对方的敬意，但幅度比对方小。如果双方的地位和石高相

上图是一个着常服行跪礼的武士

差甚远，居高位者只需要微微低头示意就足够了。

农民、商贾、俳优或流浪汉在路上遇见武士的队列时，不仅要行跪礼，还要前额触地并一直保持这个姿势，不得抬头看，也不能弄出动静，一直等到队列完全走过。唯一的例外是僧人和神官。他们行礼后可以直回身子（但姿势仍须显示出敬意），以便他们能够祈求神佛保佑路过的众武士。

至于那些很难被视为同类的罪犯或与他们类似的人，武士必须让他们吃点苦头，以确保他们绝对不会出现在藩主面前。最后，外国人大体知道要尊重我们的传统。但是如果一个未开化的外夷没有行跪礼的话，与其惩罚他倒不如怜悯他。在这种情况下杀掉他，是最不恰当的行为。

日本的疆域

由于前文提到的移封，1605 年以后你居住的藩国和你父母以前生活的藩国很可能并不是同一个地方。为了帮助那些对自己周围环境不太熟悉的人，在此我会以一次想象的旅行来为你介绍日本的各个地区和各个藩国。

让我们从我们光荣的国土的最北端开始这次想象之旅吧。这里是虾夷地。这个地方荒芜寒冷，并未被开发，居住此地的人凶悍且毛发浓密，用熊作祭品（著名的“熊祭”仪式）。总有一天他们会接受教化的。关于虾夷地没有什么其他好说的了。这里环境极其恶劣，所以我们要迅速离开，继续我们的旅程。本州岛是日本的主要岛屿，它的北部被称为“东北地方”，直到不久之前，这里还几乎和虾夷地一样荒芜。现在它的统治者是受将军之命开发这里的高贵家族，如伊达家、南部家和佐竹家。这里山多林密，林中不时有熊出没。到了冬天，雪能完全覆盖屋顶。这里的自然环境同样恶劣，所以我们就不久留了。

再往南走一点，我们就会抵达富饶肥沃的关东平原，这里确实是受到庇佑的土地。数百年来，关东地区一直是勇猛武士的摇篮，难怪家康会将居城江户建在这里，德川家已经在这里居住多年了。比起天皇的都城京都，江户要重要得多，也宏大得多。

顾名思义，“关东”指“重要关隘以东”。关东一些藩国的西部或南部边境确有重重高山作为天然的屏障，其中一座就是风景举世无双的富士山。将军分封的藩主们严密把守着隘口，确保国家的安宁。

自江户西行的两条大道都是山路。第一条荒凉难行的道路名为“中山道”，在多山的信浓国境内。另一条被称为“东海道”，沿着海岸线，比起中山道来要宜人许多。

离开江户之后，中山道的第一站是景色优美的川崎村。川崎的名字取自当地一座名为“川崎大师”的寺庙（正式名称为“金刚山金乘院平间寺”），意思与和平安宁相近。过了川崎，继续沿中山道前行，就会到达古都镰仓。经过富士山脚下的箱根关所继续东行，就会抵达三河国和远江国，三河国是德川家的起源地。

中山道和东海道在美丽的琵琶湖附近会合，经过一块标志着日本中心位置的狭长土地，最终到达终点京都。七百年来，京都一直是天皇的都城。这里有许多奇观，佛寺里的精致庭园，特别是其中的假山尤其引人流连。我一直很喜欢京都的庭园，可惜其中最为精美的一座现在已经被损毁了。龙安寺原本有六棵高大的樱花树，繁茂的枝叶覆盖了整座庭园。但五年前这几棵树因为枯萎病被移除，现在只剩下十五块没什么意思的石头。这最叫人难受了。京都以南是坚固的大坂城，执迷不悟的叛贼们现在仍然藏在里面。愿他们早日被击败！

从大坂乘船西行，你会看到景致宜人的濑户内海，海面上零星坐落着几座小岛，这些小岛曾被凶恶的海贼当作藏身之所。濑户内海南边是四国岛，这里分为四个国——赞岐、伊予、阿波和土佐。经濑户内海继续西行，就到了狭窄的马关海峡。此海峡将本州岛与日本南部大岛九州岛分隔开来。九州岛是多么非凡的一座岛屿啊！但它也经常是麻烦的源头。南蛮初次抵达日本就是从九州的港口登陆，带着他们的铁炮和邪恶的宗教。九州有许多伟大的武士家族，单是听到他们的名字就让人全身发凉。难道有人能不带任何情绪地大声说出“萨摩”二字？

九州再往南是由许多热带珊瑚岛组成的群岛。那里海水湛蓝，岛上棕榈树林立。这个天堂就是琉球。琉球国王向中国的皇帝朝贡，并与中国通商。该国的王室拥有高贵的血统，这个国家拥有悠久的历史，而且一直独立自主，因此日本永不会破坏它的和谐。琉球像我们伟大的日本一样，正享受着德川将军庇护下的和平。

外国人一览

日本有许多外国人，你执行任务的时候很可能遇到他们。请千万不要觉得惊惶，因为绝大多数外国人是纯良无害的。他们唯一让人觉得冒犯的地方可能是他们身上的怪味道（尤其是英国人）。所有在日本的外国人都是做买卖的生意人，因为传教士在几年前就已经被尽数逐出了日本。正如我之前提到的那样，如果你遇到外国人，别期待他们会对你行跪礼。如果他们行了跪礼，你微微点头示意就足够了。但即便他们没有行跪礼，也没必要拔刀以对。

中国人

数千年来，一直有中国人移居日本，他们勤劳刻苦，遵纪守法。中国人也非常聪明，尤其在军事上。你知不知道火药就是他们发明的？你遇到的大部分中国人会说自己是商人，你可能觉得吃惊，因为大明皇帝早在几十年前就已经禁止两国通商了。你可以放心大胆地和他们做买卖，但不能赊账，且不要提及“海贼”，这个词会让他们不高兴。

朝鲜人

我们和朝鲜的关系有些紧张，因为我们曾经在1592年入侵过他们的国家，将他们的土地化为焦土，且屠杀了成千上万的朝鲜人。你可以用任何方式和他们做生意，但千万不要提起那场战争。

葡萄牙和西班牙人

由于1543年的一场海难，葡萄牙人成了首批抵达日本的欧洲人。他们马上就主导了中国和日本之间的丝绸贸易。要不是他们坚持宣传邪恶的基督教，本来一切都不会有问题。谢天谢地，好在现在理智回归，所有传教士都已被驱逐出去，基督教也销声匿迹了。总体而言，留在日本的葡萄牙商人相对文明。他们总是不忘行礼和洗澡，进屋之前会记得脱鞋，而且尽全力学习日语。但他们坚持吃肉，不能使牲畜物尽其用。他们还会喝用葡萄酿制的酒，这个想法很奇怪。但如果碰巧有人要送你一点葡萄酒，我听说1597年是个不错的年份。至于西班牙人，他们和葡萄牙人很像，但总想着征服别的国家，因此我们必须提防他们。

荷兰人

荷兰人于1600年来到日本。他们和被他们讨厌的葡萄牙人很不一样。据说荷兰人信的基督教也不同于葡萄牙人，但是日本人并不知道区别在哪里。与葡萄牙人不同，他们不喜欢洗澡。他们穿的衣服不是用丝绸而是用粗布制成的，因此有一股怪味。他们还会吃一种名为“芝士”的恶心食物。

英国人

虽然在日本的英国人为数不多，但是他们比其他任何人都能生事。他们身上的味道比荷兰人还难闻，而且总喜欢挑起打斗。虽然你被告诫不要接近他们（尤其是他们喝醉酒的时候），但是放心吧，他们并没有什么不轨的企图。英国人威廉·亚当斯就得到了将军的青睐，并且已多次向将军进言。事实上，英国人可以是很好的伙伴。还有一点对英国人有利的是，他们和荷兰人一样，在宗教上和西班牙或葡萄牙人没有往来。事实上，当1588年西班牙入侵英格兰时，西班牙的舰队就被“神风”摧毁。不止一个人注意到了这一点：由于宗教上的敌意，英国人甚至比我们还不信任西班牙人和葡萄牙人。

2

从侍到武士

武士道者，死之谓也。

——山本常朝，《叶隐》

✢ ✢ ✢

你是真正的武士吗？

我已经为你介绍了我们这个武士之国的环境和历史，接下来我要说说最重要的话题——如何才能成为一名真正的武士。我相信你一定急于了解这个问题。虽然你一出生就属于这个荣耀的阶层，但你想过自己是否真的具备武士的基本素质吗？来看看你在下面的这个简单的小测验中能拿多少分吧。

1.“武士”字面的意思是“侍奉者”，所以所有的武士都是：

（甲）仆人

（乙）卑微下贱者

（丙）高贵的战士

2. 铁炮的开火方式 / 开火者为：

（甲）将点燃的火柴放到点火小孔里的火药上

（乙）卑微下贱者

（丙）以上两者都是

3. 你的盔甲的面罩上有一块装饰有须髯可拆卸的鼻甲，它是用来：

（甲）固定头盔的绳子

（乙）在你的敌人面前展示出勇武吓人的样子

（丙）显示你较卑微下贱者更高贵的地位

4. 有一名山伏（山中的修道者）对你下了诅咒，你应该：

（甲）也诅咒他

（乙）担忧你已经触犯了神明，并赶紧进行弥补

（丙）砍下他的头

5. 你发现你最喜欢的小妾其实是基督徒。你应该：

（甲）忽略这一点，继续你们的关系

（乙）告发她并让人调查她的底细

（丙）砍下她的头

6. 一个醉酒的英国人在长崎的街道上冒犯了你，你应该：

（甲）无视他并感激神明让自己生为日本人

（乙）给他买杯酒，度过你从朝鲜之战回来后最美好的一个夜晚

（丙）砍下他的头

7. 你正要上阵作战，此时你的主君从马上掉了下来，你应该：

（甲）拒绝为这样一个显然遭到了神明厌弃的不祥首领作战

（乙）不管不顾地冲锋陷阵

（丙）大喊"好运气！我们的胜利势在必得，八幡大菩萨都迫不及待了！"

8. 当你正在表演茶道的时候，有一个侍女放屁了。你会：

（甲）无视这种侮辱并继续表演，神色如佛般镇定，让人钦佩

（乙）砍下她的头后继续表演，神色如佛般镇定，让人钦佩

（丙）继续表演，神色如佛般镇定，让人钦佩。在茶会结束后砍下她的头

9. 你从噩梦中惊醒过来，梦里被你杀死的武士尖叫着找上你，你会：

（甲）因为他们的不幸和自己的幸运感到高兴

（乙）决心不再战斗，剃度出家

（丙）决定再也不喝便宜的酒了

10. 你的领主打算让你执行一个深入敌营的危险任务，你一去也许就再也回不来了。你会：

（甲）拒绝接受

（乙）推荐别人

（丙）绝对服从

得分情况如何?

9—10：做得好。本书的目标读者正是像你这样的年轻人。好好研读。

6—8：不错。很明显你要学的还很多，本书正适合你。

3—5：你也许要重新考虑自己是否合适从事武职。江户需要很多可靠的记帐员，况且你出身武士家族，还是可以佩刀的。

1—2：你确定自己不是出身农民、商人或者工匠家族？请先核实你的血统。

武士道：日本之魂

在将军看来，出身武士阶层的人若是不能充分意识到自己在社会中的角色和地位，就算不上真正的武士。我在第一章中已经介绍过了社会各个阶层，在此我将详述适用于武士的最重要的几个行为准则。不管后面讲述战斗的章节多么吸引人，在读它们之前，你需要细读本节内容。下面列出的几点是武士基本的行为规范，正是它们使你不同于社会地位在你之下的人、外国人和其他身份卑微者。

武士的天职就是将自身的美德与其他地位不如自己的人分享，并成为他们的榜样。对于武士来说，最重要的美德是持之以恒地践行孝道。武士崇敬自己的主君，就像儿子孝敬自己的父亲一样，正是这一点将我们的社会凝聚起来。

一个社会若要维持和谐安宁，毋庸置疑，社会各个阶层都必须践行孝道。但是，只有武士能够践行另一套行为准则，也就是通常所说的“武士道”。武士道既是武士之道，亦是日本之魂。就某种程度而言，本书通篇都在谈论武士道，因为这个准则贯穿武士人生的始终。我不会在本节对武士道多加赘述，只会给出它的定义，并举出几个杰出武士的例子。

“为主君尽忠至死”的箴言使武士道成为孝道的外在表现。它除了能使武士度过有尊严的一生，还提供了一套行为准则与期许，将武士与地位低下者区分开。除了忠诚，武士还必须具有仁慈、勇敢、重视名誉和礼仪等美德，要有极强的自控力，而且要保持朴素的生活作风。于地位低下者，武士要以仁爱相待。武士关心低位者的福祉，就如同父亲关心孩子一样。武士应视荣誉如

上图是一位大名。他正坐着，右臂置于扶手之上。于普通武士而言，大名是其效忠的对象

生命，尽全力维护，因为如果失去了荣誉，他的人生就失去了意义。虽然最能体现武士之勇的场所是战场，但在日常生活中，很多时候同样需要勇气。武士还必须彬彬有礼，因为礼仪是身份的象征。为了确保上述美德不会因为骄傲自满或者不必要的自我膨胀而白白浪费，武士同样需要有自控力和自我否定的精神。最后，朴素的衣着和低调的举止能够显示出武士淡泊名利。这一美德也体现在武士不会过度饮食上。“武士并未吃饭，但仍会剔牙”这句谚语刚好可以说明武士在这方面的自控力。

让我举一个践行武士道的典型例子吧。1600年，伏见城被围，守将鸟居元忠为家康牺牲，这种行为就体现了武士道的精神。鸟居元忠深陷重围，除了投降别无他选。但他坚持奋战直至最后一刻，为家康争取了时间，使其能够占据有利地形，最终在关原之战中大败敌军。城陷之后，鸟居元忠自杀身亡。他坚守的城池虽然注定会陷落，但也牵制了数千名敌军，使他们无法奔赴关原战场，确保家康能够在关原之战中获得最终的胜利。鸟居元忠的忠诚是值得颂扬的。

在接下来的几页中，你将了解关于武士道你需要了解的全部内容。要像尊敬祖先一样尊敬武士道，因为孝不止于生前，你必须像尊敬在世的生父一样尊敬你的祖先，这一点必须铭记。正是他们的功绩塑造了武士道的典范，你应当学习他们。如果一个武士能得到“不辱家门”的评价，他该是多么幸福啊。那些被称赞为“武勇和荣耀更胜先祖”的人更加幸福。当然，这样的人凤毛麟角。去成为这些少数人中的一个吧！

关于忠诚与复仇经常被问到的问题

问：我的主君过世了，我应该殉死吗？

答：不必。你尽忠的对象现在已经自动变为他的继承人，他需要你继续侍奉。追随主君自戕无论是在律法上还是在习俗上都是严令禁止的。

问：我的主君命我去给一个无继承人的家族做养子。想到将离开熟知的家族并改换姓氏，我就十分愁苦。我该怎么做？

答：你必须接受。这样的事也曾发生在我身上，虽然我现在的姓氏并非本多，但我知道本多家的堂兄弟们绝不会背弃我。

问：我的主君被人杀害了，我应该做什么？

答：你必须为他复仇。为主君复仇是武士的义务。正如中国的一句古语所说，“杀父之仇，不共戴天”。根据孝道，你就是主君之子，你必须找到杀害主君的人并杀死他。但是有一点很重要，关于如何复仇是有规定的。对于将军来说，区分合乎情理的复仇与胡乱杀人是一件头痛的事。因此有法令规定，任何想复仇的人必须事先告知地方上的町奉行。虽然这样做意味着复仇对象会提前得知有人会来寻仇，但也只能如此。出其不意地去攻击毫无防备的人，会使复仇者蒙受终生污点。但是我相信，如果你是在盛怒之下前去寻仇，你大概就不会管这个规定了。因此如果你必须要复仇，下手快一点。祝你好运。

问：我的主君加入了敌军阵营，我是否应该追随他？

答：这个问题很难回答。你必须为主君尽忠，但你的主君并没有向他的主君尽忠。那么一名忠诚的武士会怎么做呢？虽然我知道这个问题的答案必须视具体情况而定，但一般而言我会回答，一个忠诚的武士应该向自己的主君进言，向他说明走这么极端的一步可能会带来的后果。就拿明智光秀来说吧。他于1582年奉命出兵西征，却突然命军队掉头攻打主君织田信长，导致信长惨死。武士们服从了明智光秀之命，但马上就走上了绝路。丰臣秀吉前来为自己死去的主君报仇，在山崎之战中击败了明智光秀。与其服从主君的命令，那些武士更应该努力向光秀进言，劝他不要做这么可怕的事情。但如果他坚持要做的话，武士们也不应该跟从他作战，而应该集体自杀以示抗议。这就是武士道。

问：我的主君的继承人要娶的女子的家族世系有些可疑，我应不应该说出来？

答：你确实应该说出来。但在说之前，你得确认自己手中有充分的证据。主君会感激你的恪尽职守。如果有可能的话，将那位小姐家的族谱复制一份，别不敢质疑它。她所声称的自己家的先祖是不是根本就不存在？族谱上的名字念起来是不是有些别扭？如果是的话，她也许是个朝鲜人。

问：我的主君要送我受死，我该怎么办？

答：去受死。

九位堪称典范的武士

我们可以从历史中汲取智慧。在结束武士的行为规范这个话题前，让我们来看看下面的九个人，他们身上所体现的忠诚及其他武德值得后人效仿。你会发现，而且你肯定会觉得吃惊，因为下面的名单里竟然没有前任将军或现任将军之名。这是由于这两位大人的武德和才能远胜其他人，没有人能够效仿。

源义家（1039—1106年）

源义家是第一代将军德川家康的先祖。义家的武德之高无人能出其右，骑术及箭术也十分精湛。义家因武勇获得了“八幡太郎”的称号。被比作战神八幡神之子，这是多么大的荣誉啊！他也因为体恤在东北凛冬受苦受难的部下而闻名。义家就是如此施行仁爱的，这一点值得学习。

源义经（1159—1189 年）

源义经是镰仓幕府第一代将军源赖朝的弟弟，在源平之战中三次大胜敌军。1184 年，义经在一之谷之战中从后方奇袭敌人，让骑兵由陡坡纵马而下。在屋岛之战中，他再次击败平家，不过敌人乘船逃走了。次年，也就是 1185 年的坛浦决战最令人激动，义经彻底击溃平家大军，敌人尸横遍地，鲜血甚至将海水染红。义经武艺高强，对兄长忠心耿耿，你应当敬仰他。

北条时宗（1251—1284 年）

从未怒而挥刀的人有没有可能成为伟大的武士首领？当然有可能，北条时宗就是例子。元军征伐期间，我国的实际统治者便是他。在他的领导下，日本武士拼死抵御元军。时宗信仰禅宗，常常自我反省。要学习这一点，因为这是武士道的一部分。

楠木正成（1294—1336 年）

没有人比楠木正成更能体现忠诚这一美德。他为天皇讨伐篡夺将军之位的北条家，最后在 1336 年的凑川之战中战死。正成心知天皇大业已无望实现，但仍坚守朝廷之命奋战至死。践行武者之道直至生命尽头，让我们所有人都以此为典范吧。

足利义满（1358—1408 年）

足利家共出过十五位将军，最出色的是足利义满。足利义满促成了南北朝的和解，使日本恢复了和平。他也是位出色的将领，1400 年打败了妄图篡夺将军之位的大内义弘。国内恢复和平后，义满展现了自己真正伟大的地方——他恢复了与中国的友好关系（元朝征日导致中日关系恶化），并在京都的西北部建造了金阁寺。义满文武双全，很好地维护了日本的和平。

北条早云（1432—1519 年）

有人因为北条早云的出身而非难他。早云出身于一个小城主家族，起初身边只有六名侍从。但上天对他青睐有加，保佑他不断取胜，助他奠定北条家的基业。早云之后，北条家又传了四代，历代继承人皆恪守孝道，而早云也获得了像其他家族先祖一样的高贵出身。北条家长期统治关东，不过最终归服于武德充沛的德川将军。

上杉谦信（1530—1578 年）

有时人们会问我，武田信玄和上杉谦信这两位针锋相对的人物哪一位更强？我总是会回答“上杉谦信”。为什么呢？因为虽然他们二人的战役几乎总是难分胜负（他们在一个名为川中岛的地方交手过五次），但不能说他们旗鼓相当。在三方原之战中，信玄险些击败家康。要不是将军在奉命撤退时发挥了其无与伦比

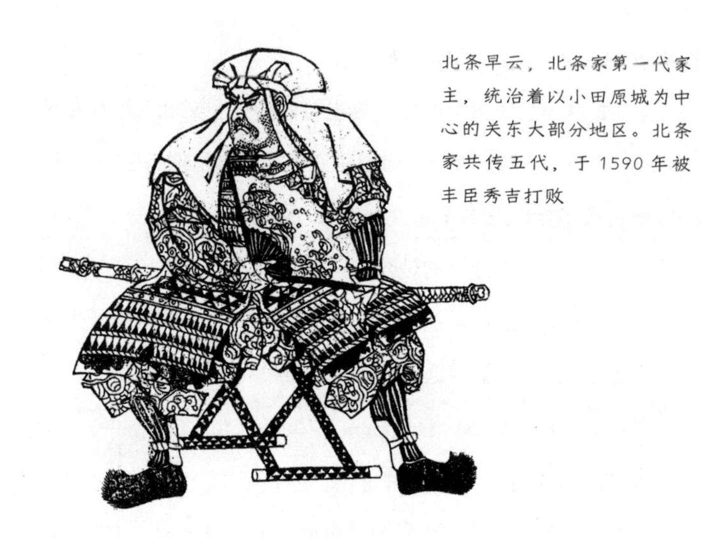

北条早云，北条家第一代家主，统治着以小田原城为中心的关东大部分地区。北条家共传五代，于 1590 年被丰臣秀吉打败

的军事才能，信玄可能就成功了。但谦信做到了一件前无古人、后无来者的事情——在手取川之战中打败了织田信长。

织田信长（1534—1582 年）

家康年纪轻轻，尚是时运不济的今川家的封臣时，曾参与了讨伐织田信长的战役，展示了武者的荣光（虽然今川家最终战败）。信长是一位睿智的领袖，看出家康具有非凡的才能并马上与之结盟。此后信长的势力日益壮大，击败了无数敌人。织田手下的将领中只有一人不忠于他，那就是可鄙的明智光秀。他谋害了信长。在做出这样可怕的事情之后，光秀只活了十三天就死于非命。这对我们所有人来说都是一个教训。

丰臣秀吉（1537—1598 年）

我怎能漏掉这位使日本重归一统的人呢？无论是作为将领还是作为政治家，他的伟大在当时都是无人能及的。他甚至在 1584 年的小牧·长久手之战中战胜了家康。秀吉在山崎之战和贱岳之战的胜利真的十分精彩，接着他就继续征服四国与九州——甚至还试图挑战大明。你也应该知道，他的部下对他多么忠诚，甚至愿意为他赴死。理论上来说，只有英明的领袖才能赢得真正的忠诚，秀吉显然是优秀的武士首领。

女武士：如何应对？

你可能觉得吃惊，不知道为什么本书竟然还有这么一节。但我认为这是有必要的，因为在 1589 年的天草五党之乱期间，肥后国本渡城发生了一件相当棘手的事情。一群狡诈的基督徒叛贼受外国传教士的蛊惑，拿起武器反抗自己的大名。由于他们的恶行，熊本藩主加藤清正出兵围剿他们。清正军攻城之际，三百名女性挥舞着长枪冲出本渡城。清正手下的许多武士被杀，我相信这主要是因为他们不愿和女人战斗。这个不幸的失误虽然仅仅持续了几分钟，但已经造成了严重后果，害得高贵的武士丧生（有一点必须承认，他们的死法完全算不上高贵）。

需要强调的是，女性参加战斗的情况非常罕见。本渡城之战中的女战士身份低微，缺乏武士与生俱来的武德。本渡城的女性是基督徒，这使她们的罪行更加深重。

与这个坏例子相对，女性作战也有值得嘉奖的情形，特别是城主夫人（城主不在城中，外敌突然袭击）挑起组织城池防御的重任时。比如，恰好就在鸟居元忠奉将军之命守卫伏见城的同时，伊势国的安浓津城也遭到了攻击。安浓津城的城主富田信高此时正随家康讨伐上杉，因此城主夫人便英勇地代夫守城。同样地，在遥远的中山道，真田信之被迫让其妻留守沼田城。敌人见她守城意志坚决，于是放弃围城。

这些都是极端的例子，但既然你的姐妹同样出身于武士家庭，她自然要学习适合女性的武道（武艺），以防哪一天遭人冒犯。到时候她就能够拼死自卫或者自行了断（为了不使家族蒙羞）。此外，正如上面的例子所示，你永远不知道她还会遇到哪些挑战，以及她会如何应对。永远不要低估女性。

3

武士刀与武士的着装

当武士奔赴战场时，他已做好赴汤蹈火之准备。因为忠诚及与生俱来的勇气，他可以举止无畏。但盔甲若不够坚固，他就几乎发挥不了什么作用。

——《单骑要略被甲辨》序言

✢ ✢ ✢

武士从头到脚看起来威风凛凛，这绝非偶然。武士的着装和武器的选择都有传统可循。

武士刀

武士刀是武士最重要的武器，是武士毕生随身携带之物。世界上没有什么武器能比得上武士刀。据说一把好刀能做到两件令人惊叹之事：第一，置刀于流水之中，刀锋迎激流，漂在水面上顺流而下的莲花在触到刀锋的一刹那会被切开；第二，将七具尸身累堆在沙地之上，一刀下去可以砍到底部。我曾听过这样一个传说：一名高贵的武士被农夫冒犯，他持刀向农夫砍去。刀锋如此锋利，出手又如此迅猛，这名农夫又走了六步才咽气。

无论武士在其他武术上的造诣多么深厚，人们最看重的还是他的剑术。武士刀由工匠打造，有着悠久的历史，是全世界上最精良的刀具

为你铸造武士刀的工匠是技艺高超的大师，虽然身份低微，但他们与武士相比并不逊色。他们为人谦逊，将自己称作铁匠而非刀匠。这些能工巧匠身着神官们常穿的白袍，先把含铁河沙制成铁，再将其加热并反复捶打，制成钢。而后，他们将反复弯折捶打这块未成形的钢。在这个过程中，钢块逐渐展开，形状越来越像刀刃成品。

一把成品刀包含多个不同的部件，它们组合在一起才是一把完整的刀。这就像武士一样，我们在社会秩序中都有自己的角色要扮演，就如同刀的部件。刀刃嵌进的刀柄是木质的，刀柄裹着一层巨鳐皮并缠上一圈绳索以确保手抓起来不会滑。插刀的刀鞘两边各藏着两把锋利的短刀。武士刀要做到万无一失，优秀的武士亦如此。

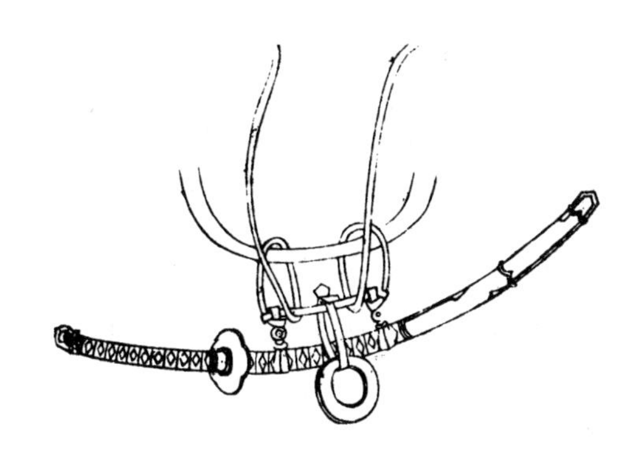

从古至今，武士刀一直是武士的象征。图中的佩刀方式是太刀式，而非打刀式，后者会将刀穿过腰带，刀刃朝上

武士的着装

不穿盔甲的时候，你会身着华丽的常服。大名们穿的常服除了布料和颜色有异，缝上去的家纹不同，其他的基本上差不多。在长长的和服外面，你会穿一种名为“袴”的宽腿裤子，肩衣（一种肩部坚硬呈翼状的无袖上衣）的下摆可以塞到袴中。这一风度翩翩的套装被称为“裃”。骑马或者行军的时候，你可以将袴换成紧一点的裤子，不穿肩衣，换上宽松一点的名为“羽织”的上衣。

礼服以及如何不被礼服绊倒

当你登城觐见将军的时候，也许会有麻烦发生。那是因为在那里你必须穿一种名为“长袴”的服饰，而对于准备不充分的武士来说，这会是他在服饰方面遇到的最大的挑战。长袴的裾很长——非常非常长！——会一直拖到地上。我从将军的亲信那里听说，这种设计就是为了使穿着长袴的人没办法实施刺杀行动。这个说法我觉得很可能属实。实际上，穿着长袴的人连动都很难动，只能够拖着身后象鼻般的长裾一点点往前挪动。但这至少能保障将军的安全，他不会遭人刺杀，这一点是最重要的。你一定不要在参朝觐见时——即便一切顺利，这也是一种让人伤神的考验——被自己的裤子绊倒。为此，你要确保至少在参朝前一个月能得到一条长袴并在家中练习。你是能够做到的，慢慢来就行。

头发以及何时应将头发放下

外国人常常会谈论日本武士对自己头发的处理方式。正如你所知的那样，根据习俗，头发的前半部分要被剃掉，后面剩余的部分会被绑成一个猪尾辫。另一种可接受的选择是不剃掉前半部分的头发，将其全部梳到脑后绑起来，样子很像茶筅。武士一定要时刻保持完美的发型，唯一能让头发披散下来的场合是战场。

不消我说，上战场之前的准备是至关重要的，就像其他场合一样。武士的头发并非随意地披散在头盔下面。你必须解开绑辫子的头绳，将头发梳直，并在额前围上一条白色的头带。白色象征着你赴死的决心。作战时，你的头发自然会变得散乱，不过无须担心，因为如果你的首级被砍下，会有侍女专门负责将你的头发梳理整齐，然后你的首级才会被呈给敌方将领，你看起来会很骄傲。

为了给你的完美发型最后再添一抹风采，为何不在戴上头盔前先熏一点香呢？这样的话，当你的首级被砍下时，头发会带着一股宜人的清香。人们肯定会夸赞你的好品位。

武士的铠甲及其举世无双的原因

众所周知，有的武士眼红欧洲人的铠甲，就比如葡萄牙总督赠送给将军的那副，还感叹说“我就想要一副这样的铠甲”。这些人真是愚蠢至极。只有懦夫才会想把自己从头到脚用钢铁包裹起来，只留一条窄缝露出双眼。当可以置身箭雨之中，彰显战士英勇无畏气概的时候，谁会愿意看到铠甲挡住射来的箭呢？不仅如此，谁会想要穿一副切腹时只能从分开的护裆处插入武士刀的铠甲？简直荒谬！没人会愿意。对于勇猛的武士来说，日本的铠甲举世无双。

日本的铠甲为什么优于其他国家的铠甲呢？这是因为日本的铠甲与欧洲的铠甲构造十分不同。我们的铠甲不是用大块钢板制成的，而是一种麟甲。简言之，我们的铠甲是通过把许多上漆的金属片连在一起制成的。因此，日本铠甲的构造极其复杂。为了更好地了解日本的铠甲，让我们来看看武士在上战场之前如何穿戴它吧。

穿上你的铠甲

你第一件要穿的就是兜裆布和上衣里衬，外面再穿上战袍。战袍和平常的和服差不多，但设计要简朴得多。裤子套在战袍外面，通过腰带来固定，小腿处也会有绑腿。现在看一看一旁附上的插图，盔甲的第一样部件臑当（小腿部位的护甲）出现了。臑当也可以护住小腿。然后武士就会穿上佩楯（护腿）。佩楯这个部件看起来有点像围裙，不过是甲胄版的。两只笼手（袖子）将会护住手臂。在所有部件之上会套上胴（护体），挂在胴上的是草摺，很像小型的甲衣。两只袖（护肩）挂在胴衣肩带上，挂刀的系带则围在腰间。

保护你的面部和喉部的是铚（护颈）和面具。当下很时兴用马毛做的胡须和银质的獠牙来装饰面具。最初面具是用来固定头盔上的绳索的，但不久人们就发现了它在战场上的另一种用途：

穿戴铠甲时，首先要穿戴的是“臑当”，也就是小腿部位的护甲

“佩楯”已穿戴好，佩楯是用来保护大腿的，在腰部系紧

“笼手”是一对布袖，易受攻击处会缝上甲片。笼手的一对袖子有时会缝在一起，如上图所示

“胴”是武士上身的护甲，下身的附属部分被称为“草摺”。胴衣于肩部用肩带固定，由肩部承重，于腰部用腰带固定

“袖”是一对护肩，挂在胴衣的肩带上

“面具”是日本武士铠甲最有特色的部分。虽然它起初的用处只是固定头盔，不过现在佩戴装饰有胡须和獠牙的面具已经成为一种惯例，目的是在战场上威吓敌人

当你的敌人看到你走近，他也许会被你戴上面具后恶魔般的模样吓得落荒而逃。

选对头盔

保护头骨使用简易头盔就足够了，不过你也许会被怂恿买一顶华丽的头盔来衬身上的铠甲。在此我必须提醒一点：你若是将领，你可以在头盔上装饰巨大水牛角、孔雀尾羽或者中国剑刃，甚至干脆选一顶形状像猴子脑袋的头盔。但人们常常会忘记一点：将领们会让侍从保管这个华丽的头盔。等到战争结束，将领们清闲下来，可以安全地庆功，比如检阅首级时，他们才会戴上这些华丽的头盔。其他时候侍从会把头盔挂在长枪杆上，跟在将领身边。简而言之，那些装饰华丽的头盔不适合打仗。此外，戴着一顶这么华丽的头盔会激起群愤，同伴会指责你招摇，这与武士道格格不入。

配件：锦上添花

能用来搭配你所选盔甲的配件有很多。其中一些显然是必需的，比如水壶、备用木屐、医药包和用来装敌人首级的袋子。不

穿戴好铠甲后就要戴上至关重要的“兜”（头盔）。将领们会佩戴精美华贵的头盔，但简单坚固的头盔更适合在战场上佩戴

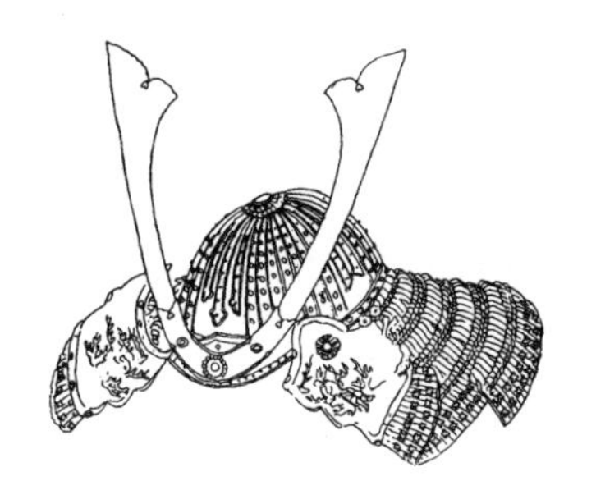

图中展示的是一顶老式头盔。注意其宽大的护颈和装饰性的“锹形”（鹿角）。数百年后，上层武士仍在使用这种华贵的头盔

要把一堆非必需的东西塞在自己身上——不然为何要带侍从。最后别忘了你的马。现在也有很多专门为马打造的铠甲，款式配件丰富多样。马铠多是用钢板和布做成的小衫，其中有些配有引人注目的护头面罩，能使你的马看起来像一条龙。

穿戴禁忌

我知道这也许会激怒某些人，但我必须要讲一讲雕花铠甲。在铠甲胸前刻上一只凤凰并刷上金漆的确很好看，但这会削弱铠甲的防护能力。好好想想你真正想要的是什么，是一件外观华美的铠甲还是一件能为你抵御伤害的铠甲。我知道我会选什么。此外，尽量别穿混搭的盔甲。如果胸甲和袖子对不上，这样的缺陷马上就会被注意到。尽量拥有一副成套的盔甲，每个部件都漆上自家的家纹。这样一来你就不会想着要将不同的盔甲部件搭配在一起穿。啊，还有一件事，别穿沉重的护心和熊皮靴子，现在又不是镰仓时代！

4

武术：你有多强?

刀乃武士之魂

——德川家康

✢ ✢ ✢

在武士的所有才能中，最重要的非武术莫属。只有拥有高超的武艺，你才称得上真正的武士。镰仓幕府第一代将军源赖朝是一位伟大的政治家，但首先是一名强大的武者。若不是武术上的成就，他或许就无法赢得其他武士的尊敬；若不是凭借强大的武力使对手俯首称臣，他就无法发挥自己的政治才能。因此，不管一个人的出身如何，只有受过武术训练，他才能靠锋利的武士刀和精良的铠甲为主君效劳。

习武：一分耕耘，一分收获

不管你在哪里生活，你的主君都会雇一位德高望重，被尊称为“先生”（意思是“老师”）的剑术（或其他武术）师傅。经年相处之后，你和师傅的关系会变得亲密，你可以学到他的高超技艺。师傅都是武艺高强之人，如果上战场，通常能在大名的军队中担任比较重要的职务。但他在职业生涯中能够做出的最大贡献，还是训练像你一样的年轻武士。他会为你制订一个全面的训练计划，传授你剑术、枪术，以及像薙刀、短刀、大太刀之类的特殊武器的使用方法。你的主君可能还会雇用其他师傅，教授你箭术、骑术，以及虽粗鄙却不得不学的铁炮术。

一直困扰着师傅的难题是，如何在不伤到人的情况下，让像你这样的年轻人能够使用真正的武器训练。一种方法是反复练习所谓的“型”，也就是包含攻防招式的武术套路。因为型的核心是不会发生任何身体上的接触，所以练习剑术时可以直接使用真刀，练习枪术时可以直接使用真正的长枪。更高阶的训练被称为“切磋”，即虽然在训练过程中使用真刀，但要做到点到为止。不消我说，这一点很难做到。对于剑客来说，被人认为能做到点到为止，是极高的赞誉。剑豪宫本武藏就是个中好手（他正在全国各地进行武者修行，你或许有机会遇见他）。据说他能够切开放在一个人额头上的米粒而不伤及那个人。

提高剑术最有效的方法，是长期使用与真刀类似的木刀进行

▲森三左卫门可成（1523—1570），织田信长麾下武士，背上背着受伤的战友。他战死于 1570 年的姊川之战中

▶贱岳合战图屏风。丰臣秀吉麾下的武士正在山谷中与佐久间盛政的军队交战

大嶋雲八
大崎玄蕃
一番高名 福嶋市松
浅井喜八郎
熊谷日向守

秀吉方
加藤虎之助
加藤孫六
脇坂甚内
片桐助作
糟谷助右衛門
平野権平
櫻井左吉
伊木半七
石河兵助
松田太郎左衛門
柴田方
拝郷五左衛門
浅井吉兵衛
山路将監
宿屋七左衛門
小原新七
水野助三

▲贱岳七本枪之一的加藤清正用柔术控制住了对手，最终两人都跌下悬崖

▶ 大坂夏之阵中身着红色盔甲的井伊家武士向木村重成发起进攻。留意插在他们背上的旗帜，其中一面旗帜由侍从手持，其主人正在独自作战

▲楠木正成，忠贞武士的代表，向后醍醐天皇承诺自己将推翻幕府统治，复辟皇权。他虽然明知成功的可能性微乎其微，但还是为天皇而战，最终战死于 1336 年的凑川之战中

小林清親画

▲石川一光，战死于 1583 年的贱岳之战中，图中的他身中数箭。虽战败却不失勇武，一光体现了武士道的真髓

练习。有的人可能觉得用木刀或木枪练习非常容易，这些人肯定没尝过被钝器一下打到几近昏迷的滋味。就比如说，木刀虽然只是由橡木制成，但其重量和外形与真刀相差无几，而且真的会伤到人。木刀和真刀的唯一区别不过是没有锋利的金属刀刃。准备好被木刀打几下，并还击回去。

木刀部分解决了无法在训练中使用真刀的难题。木刀的形状和重量与真刀相近，因此击打的效果也与真刀相近

真刀真枪的战斗只会发生在战场上，这种经历是无法通过其他途径学到的。我必须要明确说明的是，大名绝不能让自己手下的年轻武士通过私下比试来练习剑术，这种做法不符合武士道。也许有一天，仅仅是也许，你成了一名非常杰出的武士，那时你就能够像宫本武藏一样周游全国，进行武者修行。但你应该记住，即便是宫本武藏，也不会在每次挑战时都闹出人命。他并非杀人犯，如果用木刀

右图中的武士单手持刀，作为辅助武器的肋差插在腰间

就足以使对方屈服，他并不觉得用木刀决斗有损颜面。当然，如果对方不认输，而且坚持要用真刀较量，那就另当别论了。对方最后很可能会丧命，但这完全是他咎由自取，而大部分人通常一见到宫本武藏拔刀就会认输。上述这些都是符合武士道的，因为家康就曾说过这样一句名言：刀剑未拔之时杀气最盛。

剑斗术

我会在后面一节介绍如何在战场上将刀的作用发挥到极致。但在道场（训练场）里学到的剑术并不局限于此，它既可以用在与朋友友好的木刀切磋中，也可以用在与敌人以命相搏的真剑决斗中。

你必须理解的首要原则就是，你的刀不仅可以用于进攻，也可以用于防守。许多国家的战士会用到一种名为“盾”的武器。盾是一块小板子，由不拿武器的那只手拿着，用于抵挡对方的攻击，然后再用另一只手回敬对方一刀。与此不同，日本刀是两手都可以用的，而且如果使用得当，刀也可以用来防御，在化解对方攻击的同时找机会反击。欧洲有一种名为“长剑”的单手剑，在这点上与日本刀相似，但它只能用来刺。日本刀既可以砍，也可以刺，这就使其具有独一无二的特点和优势。当你在练习剑术时，师傅会教你如何砍向对手的头顶、手腕、身侧和小腿，如何刺向对手的咽喉。在战场上的混战中，你也许只能看到什么就砍什么，但这些简单的进攻方式还是很有用的，因为它们攻击的是人体最脆弱的部位。

不过，大局观与冷静的心态比招式重要得多。武士制胜的关键或许就是冷静地观察对手，找出弱点，并找出合适的攻击方法（有时还要随机应变）。剑客在战斗中必须保持冷静。他可能表现得轻松超然，但其实十分警觉，一旦发现对手露出破绽，随时可能发动进攻。因此他的第一招很可能是所谓的“居合式”，也就是在拔刀的瞬间发起攻击。武士刀一般是刀刃朝上插在腰间，这便于武士拔刀，一招制敌。但这招并不适用于披甲的武士。他们一般会用长枪发起第一招，刀则佩在腰间。

我们可以设想一下这样的场景：两名剑客手持利刃相向而立，刀锋相距甚近。成名剑客首选的站姿有很多种：有的人会让刀尖朝向正前方，刀身略微上扬；有的人会使刀刃几乎与地面垂

正眼：经典的战斗站姿。剑刃朝前指向对手咽喉

高并：将刀举高并水平持刀，仿佛准备刺向对手

胁构：这个姿势看起来有些随意，好像是等待对手先出招

直；还有的人会让刀贴近自己的脸，刀尖指向前方；还有一些人会将刀放在身后，一副漫不经心的样子，激得对方先出招——在这种情况下，致命一击会是第二招，第一招会卸下或接住对手的攻击。若是穿着寻常衣物，手脚没有任何防护措施的话，一刀下去便可致残，没必要再出招。但穿了铠甲就不一样了，打斗可能会相持许久。

两名采取正眼式站姿的剑客的刀在砍劈时架在一起

对手朝上一扫，挡住采取高并站姿的剑客的剑招

左边的剑士突然拿刀直刺对手心脏

武士的身手会影响招式的效果。如果武士的步法行云流水，张弛有度，举止就像为神明跳舞的巫女一般优雅，他就可以轻而易举地侧步避开对手的招式，而不用硬挡，这会使他的对手更容易受到攻击。各个剑术流派（“流”）有自己独特的步法，正如他们有独门招式一样。一位师傅可能会提起自己的“飞龙术”，另一位可能会讲到自己的“闪电击”。除了他们的学生，没人知道这两招到底是什么。

左边的剑士流畅地侧步躲开对方的攻击，并朝对方砍了一刀

剑士移身向右，砍向对手露出破绽的腰部

为了说明上述几点，我将讲述宫本武藏的一个故事。他曾经同时被七个人攻击，七个人将其团团围住，但宫本武藏只是静静地站着，用非凡的沉着镇静使敌人放松警惕。然后，他突然发起攻击，用左手使出居合之招，几乎是凭着直觉用刀刺中面前的对手。将刀抽回后，他换右手持刀，用迅猛的横切击中另外两名对手。收刀时，他用刀刃横扫，砍倒了第四个人。余下的三人茫然无措，他们先前人数上的优势也被削弱了。武藏挥刀以袈裟斩（动作像是在挥动鞭子）结束战斗，赢得胜利。

长枪及其他长柄武器

上面关于剑术的说法，同样适用于长枪和其他有刃武器的训练。实际上，我甚至会说，枪术的重要性要高于剑术。为什么这么说呢？因为长枪是你在战场上的首选武器，只有在和敌人距离非常近的时候，你才会用到刀。因此，虽然你必须重视剑术，但如果枪术不精，你也许都没有用刀的机会。

使用长枪的要领在于，要明白长枪主要用来刺击而非砍切，而且无论徒步还是骑马都可以使用。而薙刀就不一样了。薙刀是一种带刀刃、用于砍切的长柄武器，只有高手才能在马背上将这种武器运用自如。要挥舞薙刀，你还得拥有精湛的骑术，因为你必须做到仅用双腿就可以控制坐骑，这样才能腾出双手来挥舞这种武器。大太刀在马上使用的难度更大，因为它很沉，且对反应速度的要求更高。关于骑兵使用大太

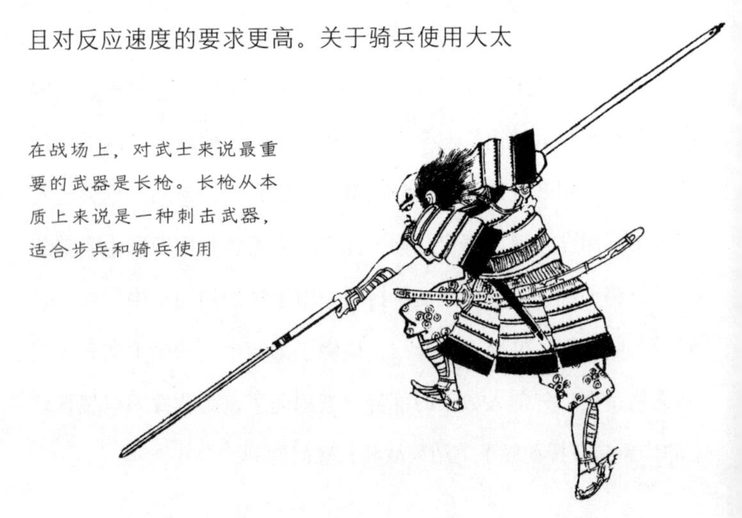

在战场上，对武士来说最重要的武器是长枪。长枪从本质上来说是一种刺击武器，适合步兵和骑兵使用

刀的例子，我唯一能想到的就是 1570 年真柄父子（真柄直隆和真柄隆基）在姊川之战中的惊人表现。此外，千万别被你在神社中看到的巨大的大太刀欺骗，它的用处是祭祀，而不是战斗。

薙刀比长枪更难使用，因为薙刀是弯刃。虽然薙刀在马上使起来很费劲，但一旦挥舞起长长的刀柄，刀刃的巨大威力会使薙刀成为致命武器

薙刀的刀刃长且弯，可以用来大力砍劈

骑射之术

许多年轻武士都忘了这一点：数百年前，衡量武士价值的并非其使刀或长枪的技艺，而是他的骑射之术。若你在骑马驰骋时

可射中敌人，即精通所谓的“弓马道”（弓马道是如今包罗万象的武士道的先驱），你便是优秀的武士。由于我骑射两样都不精，我非常敬仰那些能骑马射箭的人。在神社祭祀的时候，观看打扮成猎手模样的年轻武士举行“流镝马”表演，一直是件让人开心的事情。在流镝马表演中，武士骑马沿着划定的路线奔跑，对着固定的木靶连放三箭。唉，与以往不同，当今的战事更注重纪律和集团作战，单枪匹马、百步穿杨的机会极其罕见。现在的武士即便骑马，也更可能选择长枪或者薙刀作为武器。这样做并不会损害武士的荣誉，就是和用箭射击有些不同。

对武士来说，骑术绝对是至关重要的。武士不仅要骑马，还要能在马上使用兵器。流镝马和狩猎于骑手而言都是很好的训练方式

骑射自然需要精湛的骑术和射术。那么如何练习这两种技巧呢？我的回答是：自太古时期以来，没有什么比狩猎更适合训练武士了。虽然现在狩猎仍然被用于训练武士，但更多的时候人们只是为了享受追逐的快感。悲哀的是，狩猎的形式——以及与其相伴的战术——已经发生了巨大变化。动物们被赶进大围场，武

士们在围场中骑马用长枪、弓箭甚至铁炮（我真不想提它）猎杀它们。这是错误的。如果要使狩猎成为一种有意义的训练方式，你就必须骑马到野外去，搜寻并追逐猎物。

狩猎一直被视为训练骑兵战术的好方法，但在如今的江户时代，狩猎已经与以往大不相同。如今的习俗是猎物被赶到围栏里，而非猎手去追逐它们

手铳：一项前景可期的发明

众所周知，我对火器没什么好感。但在结束骑马作战这个话题之前，我想为你介绍一种刚刚引进的新式火器。我认为这也许会改变骑兵的作战方式，使其回归先祖们擅长的单人骑射之术。这种新型武器名为手铳。据我对手铳的粗浅了解，我认为它可能就是我们一直以来期盼之物，因为它不会让使用它的武士显得粗鄙。手铳与铁炮类似，但比较短，而且单手便能牢牢握住。对于高贵的骑马武士来说，这一点十分理想，彰显了其与低贱的足轻

的不同。手铳最有趣的地方在于，枪管中的火药不是由缓慢燃烧的火绳引燃的——这个过程十分危险。手铳有一个金属轮子，滑动它时，金属摩擦燧石，迸出火星，引燃火药。填装子弹需要时间，但由于每位高贵的武士身边都有侍从，武士可以把装弹的工作交给侍从完成。你在使用两把手铳的时候，你的侍从就在为第三把装弹。秀忠将军坚信骑兵使用手铳并无任何有伤体面之处，因此在常常令人感到压抑的当代战事中，我们终于有了武士用起来也不会被视作奇耻大辱的火器。

最近引进的簧轮手铳为德川时代的武士们提供了骑马作战的新机会。战斗中会用到数把手铳，所有手铳都由侍从装弹

赤手空拳：武士的最后一搏

在战场上，你也许会失去长枪、刀和短刀。在这种情况下，

拳脚将决定战斗的结果。可以帮助你击败对手的徒手格斗技巧有很多。你也许已经试过相扑了，或是为了好玩，或是为了供奉神明。相扑的娱乐性很强，其他几种格斗技可能对你有用得多。第一种是空手道。它教你如何让拳脚像剑刃、枪尖一样有杀伤力。第二种是柔术。学会柔术，你就能将对手抛出去，或者将其制伏在地并锁住他的关节，使其无法动弹。学习柔术的一大好处是练习时可以施全力，而不会像在练习剑术时冒那么大的风险。你完全不用担心柔术会有任何危险，好好学习大名加藤清正的例子吧。加藤清正是1583年贱岳之战中的“七本枪”（当日最英勇战士）之一。他用柔术制伏敌人，最后两人都掉落悬崖。

相扑是一种古老的格斗技，常常在节日表演。不过对于武士来说，它的作用并不大。柔术更适合武士

赤手空拳战斗是武士的最后一搏，许多柔术技巧可以帮助没有武器的战士打败对手，比如将其四脚朝天摔在地上，锁住其关节令其无法动弹

全副武装时如何泅渡

当你读到我在后文推荐的一些古老的史书和军记物语时，你会发现很多时候技艺娴熟的武士能让自己的马游过河，以便第一个到达战场。你们这一代更是青出于蓝而胜于蓝。许多年前，我拜访了会津藩，会津藩主向我展示了他麾下武士一项非同寻常的武术技能——他们不仅能够身披铠甲泅渡，其间还能放箭射击。会津藩主居城的后院还有一个供武士练习的大水池。他们的这项技艺的秘密就在于他们穿在铠甲外的一种特殊衣服。这种衣服是由来自一种生长在安南、占城等国的树木的树皮制成的。这种树名为“水松”，特点是沾水不湿。一名武士身体笔直地坐在水面，仿佛骑着一匹无形之马，并朝目标放箭。看到这一幕我惊愕不已。不管怎样，你都要自己试一下，但练习的时候穿件老旧铠甲就行。自己的传家宝一旦生锈，那确实丢脸。

5

武士的职责

四书五经和兵书皆明言，若无学识，则不足以理政。

——今川了俊，《法令》

✢ ✢ ✢

讲完盔甲、武器和武术，我知道你肯定已经跃跃欲试，想要大展身手了。但在听我讲述奔赴战场时应注意什么之前，请不要跳过这一章。你必须知道，你会把很大一部分时间花在治理领地这种相对平凡且枯燥的工作上。学会治理领地是至关重要的。要是你连稻田里的农夫都管理不了，又何谈统领战场上的士兵？

牧民之道：为其树立榜样

作为一名武士，你得将大名分配给你的领地的方方面面管理妥当。土地面积越大，你的责任越大，麻烦也越多。要是你自己成了大名，你就要承担起治理整个藩国的重任。在过去，这很简单。你只须告诉农民们该做什么，要是他们不听话就责打他们。要是有人说你对待农民过于严厉，那就是对你最好的褒奖。但现在一切都不一样了，你得做土地调查，让农民交税，记录下发生的大事小情，管理府库，审理案件，甚至还要组织人清理街头复仇斗殴后留下的尸体。即使你在领地，这些任务也很难处理，更何况有时你必须离开领地长达数月，或是奔赴战场，或是去江户觐见将军，那就几乎无法处理这些事务了。那么，大名如何才能在为将军效劳的同时治理好自己的领地呢？

答案是下放权力。从手下的武士中选几个年轻人，让他们当你的家臣。这样当你奔赴战场时，他们就可以帮你治理领地。他们也许会私吞一些钱，但为了确保你能心无旁骛地在战场上厮杀，付出这点代价不算什么。当你不在封地的时候，你必须记住，自己有为百姓树立榜样的责任。如果你的不端行为被别人看到，流言蜚语马上就会传回你的领地，而这会激起手下人的不满，甚至刺激他们做出其他难以言喻的事情来。

严惩罪犯，防微杜渐

让我们从维持法律和秩序说起吧。可悲的是，你的领地里会有一些人，不理解你为他们树立的榜样多么重要，也不知道他们要像孝敬父亲一样孝敬你。这些坏家伙也许会犯下罪行，那时候逮捕并处罚他们便是你的责任。牢牢记住以下六点要则，你的任务会无比轻松。这六条要则能预防你领地上的百姓犯罪。

要则一：不要让罪犯进入你的领地

为什么要因为邻藩的疏忽大意而使自己受罪呢？绝不能让你的领地成为从邻藩逃亡的重罪犯的避难所。要确保外人不能随便进入你的领地。

要则二：不要对基督徒心慈手软

正如我在前面说过的，基督教是一种邪恶的宗教，几乎就是在鼓动百姓做坏事。那些毫无价值的坏家伙拒不承认上层人的智慧，破坏神佛之道，使日本暴露在那些想要奴役我们的外国人的威胁之下。别跟这些人扯上关系。

要则三：严禁赌博

因为没有什么追求，下层人会把时间浪费在赌博这种可鄙的事情上。一些人把一大笔钱押在一颗骰子上，有的人则拿相扑比赛来打赌。要是你能清除赌博这种恶习，你的领地就能保持平和安宁了。

要则四：告发，告发，告发

你必须要让领地内的百姓意识到他们有这样的义务：若怀疑某人可能违法，必须要向官府告发此人。为了促进这种意识，你得明确告知他们，如果没有揭发罪犯的行踪，那么对那个罪犯的责罚就会落到他们或者他们的家人身上。要想了解实情，这是最好的方法。

要则五：派人巡逻

如果你像将军在江户做的那样，派一些低级武士在街头巡逻，那么维护领地的平和与秩序会简单很多。这些高大强壮的差役既可以从线人那里接收情报，也可以让百姓安心。

要则六：了解犯罪的根本原因

明白这一点很重要：许多罪行是社会因素造成的，如果可以理解导致犯罪的原因，就可以将罪行扼杀在摇篮中。导致犯罪的社会因素有哪些，我们又可以做些什么呢？总而言之，犯罪的都是那些低贱卑微的人，他们上辈子犯了过失，这一世无福生在武士之家。因为他们根本没法改变这种不幸的命运，他们必须被教会去尊重上位者，服从上位者的决定。如果他们中有人犯了罪，被人向官府告发并且认了罪，那么你只须对他处以适当的惩罚，让他悔改即可。只有在一个人犯了罪却拒不承认的时候，才会有麻烦，因为唯一能证明其有罪的有力证据就是罪犯自己的供词。

供词会白纸黑字地写下来，并按上罪犯的手印。如果他拒不认罪，你可以参考下面这节的内容。

一些有用的刑罚

如果犯人拒不认罪，上刑是唯一的办法。下面我会从轻到重列出一些刑罚。

鞭笞

用竹藤狠狠鞭打，通常已经足以让人认罪。若是无效，请用下一条。

一名武士被安排去管理下等人时，他必须准备好行使自己的权威，最重要的就是要严厉。所以像狠狠鞭打臀部这样的惩处有时是必要的

抱石刑

让罪犯跪在用边棱锋利的三角木棍组成的台子上，并将其绑在台子后面的柱子上，然后在其大腿上放石块。堆放五块通常就足以让罪犯坦白，但有些顽固分子会放到十块。

当罪犯拒不认罪时，抱石刑应该足以使其认罪

龙虾刑

等罪犯从抱石刑中恢复过来后（几天就够了），你可以命人把他的手捆到背后，腿捆在身前。留意他的皮肤颜色。几个小时之后，他的皮肤就会从红变为紫，然后变成深青色。要是颜色变为白色了，那么他离死也不远了，这时候可以解开绳索。

冥顽不化的罪犯会被捆成龙虾状以逼迫其认罪。使用这种刑罚务必小心，因为犯人可能在认罪前就丧命了

吊刑

将罪犯的手臂捆至身后，绳子系在腕部并将其悬挂起来，直到他认罪。

最后一种让罪犯坦白的方法是用绳子把他吊起来，直到他认罪。之后就可以处决他，让正义得到伸张

一旦拿到供词，你的任务就完成了。既然司法流程都已走完，现在可以处决罪犯了。你当然不用亲自动手，执行处决这种卑贱之事的是那些“贱民”。不过你也可能满足于查明真相，决定留下他的性命。无论如何，由于你的明察秋毫与宅心仁厚，日本街头会变得安全一些。

武士自身的行为

现在我们来讲一讲武士自身的行为。在一些情况下，你必须保持警惕，抵制诱惑。悲哀的是，一些出身武士阶级的人忘记了他们的高贵地位，行为举止与粗俗低贱之人无异。这些行为举止不符合武士身份的人将受到最严厉的处罚。不过对他们来说值得庆幸的是，他们通常不会被处死，而是会被勒令切腹。可以以武士的死法死去，我们确实非常幸运。

那么什么情况下你最有可能做出不符合武士身份的事情呢？由于参勤交代制度，数以千计像你一样的武士必须长途跋涉，往返于领地和将军的都城江户。自1630年江户成为将军之都以来，这成为常态。在江户时，除了替大名擦拭盔甲，以便六个月后他带领部下回领地时穿戴，你在大名宅邸里再无其他事情可做。于是你就有了大量空闲时间。而外面有很多人对你图谋不轨，或是想谋取你的钱财，或是想害你性命。

在和平年代，武士的大部分时间都花在往返于领地与将军都城江户的路上

首先我要提到的一类人被称为“男伊达”。这个词的字面意思是“有男子气概的人”，但这个描述一点都不准确。这些男伊达实际上是出身卑微的“贱民”，他们的社会地位如此之低，根本就不配摆出那副趾高气扬的模样。他们也会佩刀。是的，你没有看错，他们确实会佩刀！听起来很不寻常，不是吗？1588年，丰臣秀吉不是为了国家利益发布了刀狩令，没收了庶民持有的刀

具，并将其熔化，拿去铸造京都的大佛殿的钉子了吗？（其实他没有熔化一把刀，这只是他告诉被没收了刀的人的说辞）家康不是下过命令，规定只有武士才能佩刀吗？虽然如此，但在江户的市井之中，刀很容易获得。那些男伊达通常会摆出武士的样子，大摇大摆，四处寻衅滋事。

无论在什么情况下，千万不要受他们挑衅，更不要和他们打斗。你的剑术当然比他们高明很多，但是这些可怕的家伙从来不会单打独斗。他们认为的公平的单挑就是一个人在你的面前，另外六个人从身后袭击你。我的建议是别走在黑漆漆的巷子里，也不要喝得酩酊大醉，因为武士通常是在喝醉的时候遭到袭击，这一点再怎么强调也不为过。

整体而言，只要你小心防范，男伊达就不会来骚扰你。不过在江户，你还会遇到许多诱惑，有时它们甚至会不请自来。我觉得你能猜到我讲的是什么。不，不是艺伎，凭你的那点薪水不可能雇得起艺伎。我说的是吉原的妓女。她们会以你为目标，因为你年轻，而且独自离家在外。要注意，这些女人中有很多都染上了一种由葡萄牙人带来的可怕的花柳病，跟她们鬼混过的男人都会被传染。一旦染上这种病，你就会在难以言说的痛苦中早早辞世。而且别以为你能去得了极乐世界，你要去的地方可没有金莲花供你坐。与其相反，阴森森的怪物们会用尖叉将你撕得骨肉分离。

这些根本不值得你付出这样的代价，不是吗？

在德川家的统治下，大名的家人必须住在江户，受将军庇佑。像上图这样的大名夫人每年可以与其丈夫相聚一两次

烟：坚决说不

当你走在江户街头，呼吸着夜晚的空气时，可能会有几个无赖来搭讪你，让你试一种名为“烟”的东西。如果遇到这样的人，你要坚决说不。烟是一种危害生命而且容易上瘾的药物，由一种毒草制成。人们将这种毒草收割，晒干，切成丝，装进一个名为“烟斗”的小容器中，然后点燃。这多么可笑啊！就像如今很多邪恶的东西一样，它也起源于国外。在葡萄牙人带来的所有可憎的事物中，没有什么比吸食烟草更加骇人听闻的了（基督教和花柳病可能是鲜有的例外），也没有什么比它更能让一个武士名誉扫地。

我知道这种毒草的原产地是一个名为“美洲”的地方。考虑到烟草对人的行为举止的影响，要是我们不幸遇上了美洲人，我们有理由把他们当作一群意识不清，对他人毫无用处的人。我得到可靠消息，秀忠将军正打算禁烟。一旦如此，就不会再有人吸烟了。

6

八百万神明的国度

第一要义，信仰神佛。

——北条早云，《早云寺殿二十一条》

✢ ✢ ✢

日本是神国。自被创造伊始，我们就蒙神明庇佑，并因此受到其他国家的艳羡。日本的神明无处不在，神明和我们的生活息息相关。一些学者甚至将我们对神灵的崇拜称作“神道”。神道确乎玄幻莫测！瀑布、远山、怪石这些都彰显着神明的存在，而且这些神明需要我们时时关注。最能取悦他们的事情就是为他们修建神社，他们下凡人间时会慷慨地在神社住下。我们在神社供奉神明，他们心情愉悦，便会以好收成来嘉奖我们。要是忽略了供奉这回事，这种疏忽就会引起神明的愤怒，台风会来临，打仗也会输。

数百年前，新的神明从中国来到日本。起初，一些人认为这种被称为“佛教”的新宗教对于日本的神来说是一种威胁。好在最终理智占了上风。天皇（其本身就是活着的神明）下诏说明佛教没有什么可怕的，能够和我们既有的传统和谐共存。他多么英明啊！佛寺中立着神道神龛，这是多么让人安心的景象！儒学对于日本传统来说同样至关重要。我在本书前面的章节中提到过，我们的社会是建立在儒家孝悌观念之上的，武士像对待父亲一样对大名尽忠，大名也同样对将军尽忠，这样一来社会就处于和谐之中。

但是，有一件事让人感到遗憾，那便是六十多年前传入日本的邪恶的基督教。愚昧者和贪婪者纷纷成为基督徒，甚至连数位

日本是神国，神明无处不在。像这样的神社就是专门用来供奉他们的。这间神社的入口是标志性的“鸟居”

僧人在社会中举足轻重。僧侣处理武士的后事，诵经超度其灵魂。许多勇敢的僧人会奔赴战场，支持垂死的战士

原本很高贵的大名都在基督教的空头承诺和财富诱惑下皈依了基督教。幸亏秀忠将军英明，基督教现在已被禁止，所有教堂都被摧毁，所有传教士都被驱逐出境。其实基督教带来的麻烦和基督徒的信仰本身关系不大，虽然他们的信仰确实毫无用处。基督教的问题在于它能让信徒们团结起来，一起反抗秀忠将军的仁慈统治。而且他们还能得到外国军队的支持，尤其是西班牙的军队。就是因为这个原因，基督教必须被斩草除根。没了它，我们会生活得更好。

上图是七福神，他们受到武士的崇拜

节日指南

乘轿辇经过村镇时，你有时也许会听到外面一片喧哗。推开轿上的障子门，你也许有机会看见神社举行的节日庆典活动。这种节日庆典每年举办一到两次，当地的村民会端着装饰好的神龛走街串巷，神龛中住着该村的神明。如此一来，神明就能被带着游历一遍他所管辖之地。到处一派喜气洋洋之景。人们喝酒，跳舞，弹奏乐器，吃鱿鱼串和章鱼丸子。所有这些都是粗鄙至极的行为，但也无可厚非，因为这些农夫们在这一年接下来的日子里都要辛苦劳作。作为一名武士，你有幸被选为我国丰富文化遗产的管理者，而节日便是一种无形的文化遗产。因此，为何不参加庆典呢？并不是只有粗人才过节。

鬼怪

现在我要讲到一个争议话题——鬼怪。为什么说是争议话题呢？因为有些愚人会告诉你这些灵物根本不存在。他们太愚昧了！让我告诉你一个非常明显的证据吧。你也许知道某些下等人会在街上大便。过了几天再回来看，排泄物已经不见了。没有人会碰它，那么它去哪里了呢？被恶鬼吃了。不然还有什么其他的解释？因此这些肉眼看不见的令人厌恶的东西还是有用的。

若把所有超自然的灵物一一写下来，能写满这整本书。所以我只会介绍一些武士在日常生活中可能遇到的灵物。如果你深夜出门，你可能会遇到豆腐怪——一种卖豆腐的鬼。你要是和他说话，你就会死。还有一种可怕的妖怪叫独眼小僧，高高瘦瘦，皮肤苍白，只有一只眼。它的手臂很长，肉松松垮垮地从上面垂下。他一头蓬乱的白发，头上戴着一顶大大的蒲草帽。他的肚子很大。独眼小僧会带着一个装在筛网中的火球，这很难用语言描述。

其他不寻常的灵物还有过了一百年成精的家用物件，其中最臭名昭著的就是草鞋怪。如果一双陈年的旧草鞋突然开始绕着屋子边跑边叫，这肯定就是草鞋怪了。河童住在池塘里，很喜欢攻击女性。如果你遇上了河童，有一种行之有效的好办法可以帮你脱身。作为一种水生生物，河童需要水来维系生命。在陆地上的

武士相信身边有许多鬼怪存在。右图中的妖怪名为“天狗”，因为剑术高超，人们非常害怕他们

时候，河童会在头顶的低浅凹槽里储存一些水。幸运的是，所有河童都很有礼貌。看到河童，你不要吓得转头就跑，反而应该冲他鞠躬。他也会朝你鞠躬回礼，这样他头顶的水就会流走。没了水的河童浑身无力，只能任你处置了。

凶猛的天狗住在森林里。他们拥有半人半鸦之身，尤其擅长剑斗术。其他一些喜欢恶作剧的妖怪的长相就寻常多了。人们都知道狐狸拥有无限的灵力，经常会化作美女迷惑男人。男人被迷住后会与其交合，最终很可能命丧黄泉。死去战士的鬼魂可能也相当吓人，尤其是当他的仇人就是你的战友的时候。被夷平的城市附近如果有古怪的响动和亮光，那很可能就是死去的武士现身了。他们只是游荡不定的鬼魂，很少会来寻仇，与其害怕他们还不如怜悯他们。我听过的武士的鬼魂攻击活人的事例只有一个，发生在 1185 年著名的坛浦之战的古战场上。当时平家武士战死者不计其数，鲜血和平家旗帜的染料甚至将海水染成了红色。在此役中，平家武将平知盛把船锚绑在身上跳海自杀。几年之后，当源家的船欲通过战场旧址附近的关门海峡时，平知盛和他手下死去的武士突然现身，挡住船不让其通过。

朝圣之旅

为了执行重要任务，你有时不得不前往偏远的多山地区，或者经过乡村路边的神社。在这些地方，你可能会看到一些身着白衣，手持法杖，头戴大草帽的人，他们是朝圣者。朝圣的意旨就在于通过游历一个或者一些有特殊宗教意义的地方来积累修为。非常受欢迎的朝圣目的地包括伊势神宫（供奉天皇的神圣先祖、太阳女神天照大神）和四国。四国岛上与真言宗的开山祖师弘法大师空海有关的寺庙，每年吸引着数以千计的朝圣者前去参拜。

去多个圣地朝圣是一件很值得做的事情，这种不带私心的努力会积攒个人的修为

许多武士会问："我该不该加入他们？"他们会担心，和卑微低贱者扯上关系会抹掉他们通过朝圣积攒的修为。我的回答是这种担心是不必要的。仅仅是和下层近距离相处并不会使武士的名誉受损，武士的德行和教养会不自觉地显露出来。因此无论如何都要来一趟朝圣之旅，切身体会世间诸相的变幻无常，这对你大有好处。

首先你得拥有一套朝圣者的服装。衣服的颜色是代表哀悼的白色。大草帽可以帮你遮挡日晒，若你担心被人认出，帽子还可以帮你隐藏身份。你还需要一根结实的木杖。真正的朝圣者不会自带食物，而是会向其他慷慨的人化缘。要注意，如果你经过的地方恰好在不久前被你的主君攻打过，化缘肯定会有些困难。

朝圣是没有问题的，不过我想提醒你小心山伏。无论如何都不要和他们同行——其实你也不大可能会被邀请加入他们。对于山伏来说，朝圣只是他们与众不同的修行中的一种，此外还有占卜、算命以及用信仰治疗病人。山伏身着肃穆的白色衣袍，用法螺贝吹出低沉的声音，跋涉于群山之中。在朝圣途中，他们禁欲苦行，而这能够帮助他们恢复法力。他们可以用法力驱赶恶灵。山伏的苦修仪式包括绑住双腿悬挂在悬崖上，同时坦白自己犯下的过错，或者关在满是烟气的房间，抑或赤身裸体站在冰冷的瀑布之下。怪不得很多武士觉得他们疯疯癫癫。

7
德才兼备的武士

人应奋进求学。

——加藤清正，《箴言》

✢ ✢ ✢

作为武士，你不仅要向地位更低的人展示你在藩国严于律己的作风、在战场上不惜血肉之躯的英勇，更要展现你的艺术感知力和文化追求。每个想提升自己的文化造诣的武士都会问的第一个问题就是："我什么时候有时间做这个呢？"武士要处理各种大事小情，生活忙碌，究竟如何才能有一刻来之不易的宁静呢？

答案是修禅。虽然我是净土宗的忠实信徒，但我也认同禅宗玄妙精深。其玄妙之处，须在宁静处寻得。艺术可以帮助武士培养在战场上从容赴死的气度。在艺术的世界中，禅宗让忙碌的武士从尘世的喧嚣中解脱出来，进入审美境界。获得闲暇的武士需要判断如何利用这段时间，因为并不是所有艺术和娱乐都是高雅的。有修养的武士在选择艺术形式时必须十分谨慎，确保其符合自己的身份。在这一章中我选择了一些适合武士的类型，每一类我都会告诉你一些我认为重要的注意事项。

统一日本的丰臣秀吉正身披铠甲弹奏笙乐。拥有音乐才能的武士十分少见，很受推崇

武士的必读书单

真正的艺术感知力只有通过数年的实践才能获得。但是你可以通过阅读伟大的文学作品获得很多有用的信息，无论是艺术还是武士的行为准则。最重要的文学作品当数军记物语。该题材出现在几百年前，内容为战争故事，讲述了我们的祖先如何生活、战斗、死亡。欣赏军记物语的最佳方式是在大名的居城遇到一个

盲眼的游方僧，由他讲给你听。如果无法实现，你也可以找个舒服的地方坐下，自己翻开书去读。读到里面悲惨又感人的故事时，你可能感动得落下泪来。

我尤其喜欢《平家物语》，这本书讲述了骄矜的平氏家族如何在源平之战（1180—1185年）中被源氏消灭。此书将场场战役描述得十分优美。战役并非单纯的战斗，而是杰出武士的邂逅，是和身份最高贵的对手之间的切磋。这就有了单挑。其他武士只能围观，不能插手。如果哪个莽夫胆敢用箭射死其中一人，破坏战斗，他就注定不得好死。《平家物语》传达了高尚的精神，能陶冶情操，非常适合想要效仿祖先英姿的年轻武士阅读，因为这本书详细描述了很多崇高的行为。如果想看一本距离现在年代比较近的书，我推荐《太平记》。这是一本很不错的书，讲述了14世纪的战争故事。在这两本书中，你都能找到切实的、振奋人心的例子，来帮助你规范自己的言行。

出于类似的原因，年轻的武士不应该阅读《陆奥话记》之类的不良作品。这本臭名昭著的编年史讲的是11世纪日本北部武士的战争，内容极不体面，整本书字里行间充斥着令人匪夷所思的混账话，比如武士会放火烧毁房屋，杀死想要逃生的人，甚至一位高贵的武士竟然会被无名之辈杀害。虽说此类叙述的确是真的，但这样的作品不应该出现在大名的藏书室里。

与此相反，所有武士都应该被鼓励去读诗写诗。每名武士都应该擅长作诗，尤其在品茶或者准备切腹时。但是选诗时需要注意，因为很多诗歌是不知人间疾苦的公卿所作，读这样的诗会削弱我们的意志力。小说也不应该读，因为大部分小说是女人写的。

诗歌被视作一项符合武士身份的才艺，也可作为娱乐的一种，需要重视。武士不仅要读诗，更要能写诗，尤其在品茶或者准备切腹时

戏剧表演与感情细腻的武士

许多年轻武士来问我：“我应不应该去看看戏剧表演？如果去，看哪一部好呢？”我会回答，世上只有一种形式的戏剧表演符合高贵的武士阶层，那就是古典能乐。所有其他戏剧表演都是粗鄙低劣的，所以只去看能乐吧。

顶级能乐是由继承了数百年传统的艺术大家表演的。他们头戴面具，身穿长袍，将你带入另一个国度。能乐的内容和军记物语差不多，就相当于把后者搬到舞台上。一个武士的亡灵自舞台的一边出现，花费整整一个小时慢慢挪至舞台中央，当你看到这等奇观时，一定会十分入迷。还有什么比讲述如何追踪土蜘蛛的戏剧更刺激的呢？一定不要错过！

但我也必须提醒你，要小心最近在江户出现的一种名为“歌舞伎”的新戏剧。商人和其他身份卑贱者很喜欢看歌舞伎表演。歌舞伎乍看起来很像能乐，但其实二者之间存在着本质上的不同。歌舞伎不仅对社会的安定造成了极大的威胁，还会危及武士的道德操守。顶不住同僚的压力，我去看了一次歌舞伎，简直震惊得如五雷轰顶。演员都不戴面具，情节也不是高贵的武士遇到亡灵，光荣牺牲（我本以为没主见的下等人会对这个题材感兴趣），而是当下武士的家庭生活，以及他们既要外出执勤，又得恪守儒家孝道，忠孝两难全的困境。地位卑贱的人竟敢在舞台上表演一些他们根本就不理解的东西，这简直是对公德的侮辱。最糟糕的是，剧中有一幕，扮演一家之主（理应得到其他家庭成员的极度尊重）的那个演员假装被一个木桶绊倒，引得观众发笑。看到这里，我愤而离席。

我希望将军可以听取谏言，及时取缔有辱斯文、公然蔑视武士阶层的歌舞伎表演。

水墨画：怡情有益

你想不想试试当代最伟大的剑客之一喜欢的文艺消遣？我觉得你肯定愿意。那就试试水墨画吧。不是说只有故作高雅的公卿才会对绘画感兴趣吗？我知道你会有这样的疑问。答案是否定的，因为喜欢这种艺术的不是别人，正是伟大的剑豪宫本武藏。他会四处寻找对手，你可能也遇到过他。像和他齐名的很多剑豪一样，武藏在全国各地寻找合适的对手，主动发起挑战，常常将对方杀死。比试过后，他会去附近的寺庙画一幅水墨画。色彩的缺失使这种艺术变得高雅，所以你也不妨试一下。当然，动手绘画之前并不一定要先杀一个人。

蹴鞠：优雅的游戏

蹴鞠自几百年前开始就是一种高贵的消遣方式，公卿会在御所的紫藤园蹴鞠。一些武士也沉迷其中，甚至连伟大的武士首领织田信长也不例外。

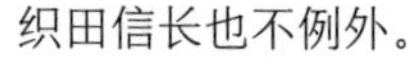

如果你想玩但又有点紧张，不用担心，因为所有踢球的人都有蹴鞠之神（一位三头的神祇，主管蹴鞠）的

蹴鞠是武士和公卿都能玩的游戏。在左图中，我们可以看到一个人站在神社的空地上，正将一个鹿皮做的“鞠”踢上天

慈爱庇佑。首先你得穿上一身宽大的丝质长袍，戴上乌帽子（一顶硬黑帽），穿上一双沉重的漆面木屐，接下来你就可以和七个热情的武士一起踢球。神社或宫殿的院子就是球场，神道教的神官会对鹿皮制成的球念咒施法，所有人鞠躬后游戏就开始了。

蹴鞠的玩法是玩家互相传球，目标是不能让球着地。这么一个简单的游戏，却非常适合武士。武士踢球时会讨论季节的变换，抒发樱花凋零时的感伤，当同伴展示出高超的球技时会慷慨喝彩。

下棋

棋类游戏可以用来打发漫漫长夜，与朋友对弈也很惬意。但不幸的是，有些棋类游戏与赌博扯上了关系，所以不要玩需要掷骰子的游戏。和那些游戏相比，象棋要好得多。象棋棋盘上排列的棋子，犹如分属两军，准备迎敌的小小武士。不过比起象棋来，围棋更胜一筹。如果说象棋是一场战役，那围棋就是一场战争。你在纵横交错的棋盘上一颗颗放下黑色或白色的棋子，直到它们围出一片属于你的疆土，对手的棋子完全消失。如果说狩猎是为武士准备的训练，那么围棋则是为想成为将军的人提供的练习。

围棋是最适合学习战略的棋类游戏。图中的两名武士正在棋局中斗智斗勇

园艺：怎样让石块物尽其用

传统的日本园林多么赏心悦目！这些园林艺术的灵感大部分来自禅宗美学，讲究的是含蓄淡雅。典型的例子就是仅用石沙造一个园子，展现出造景的变幻莫测。

因为已经有专门讲述日本园林设计的书籍，所以本书只会讲几个我认为可以帮助我们理解园林设计的关键要素。石头的选择至关重要，园林的石头必须既美观，又与周围的景观协调。不过如果非要得到某块特殊的石头，就因为它曾经沾上过死亡武士的血，比如京都醍醐寺园林中的某块石头，也没什么必要。摆放石块耗时耗力，但下面这张图或许能帮上一点忙。图中给出的一些建议，可以帮你将三块不同形状的石块摆成和谐的整体。摆好石块后，你也许还想加一些东西，比如池塘，或者摆成枯山水景观。在枯山水景观中，水的流动甚至激流都是用细沙表现出来的。如果你想要造一个这样的大景观，就需要一个整体计划。或许你可以想想一个有山有水的园林应该是什么样子的。

最后，不要忽视借景带来的可能性。京都许多宏伟的寺庙园林都借助了远处的东山的美景，或用上了隔壁雅致的小竹林。当你想要造一个和谐融洽的景观时，毗邻的树、灌木丛，甚至邻居家的假山都可以派上用场。希望你能有一个既友好又愿意帮忙的邻居。

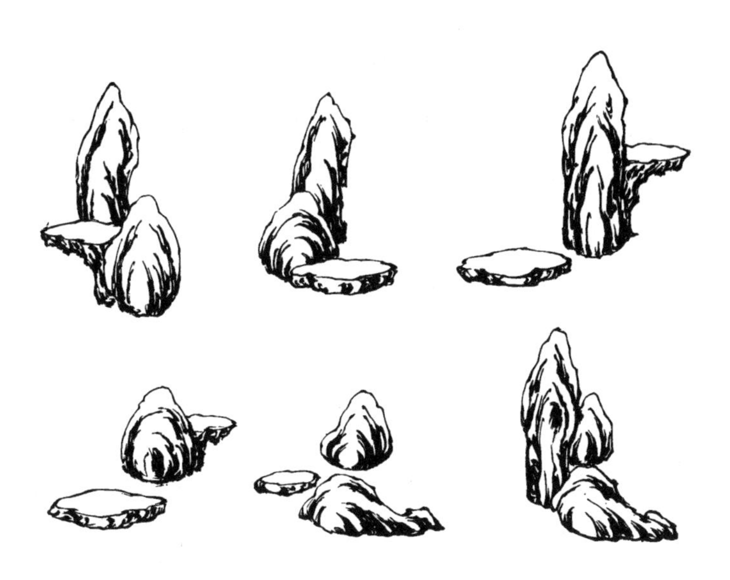

对于一名有修养的武士来说，园林设计是一项完美的成就。上图展示了三块石头可以摆出的不同造型，所有摆放方式都极其和谐

茶会

在日本的所有消遣中，茶会最为雅致和谐，最能舒缓身心。静坐在茶室中，听着茶水在壶中翻滚，把玩一只稀有的茶碗，观赏园中盛开的鲜花，在满月的光辉下作诗，抑或只是感慨人生匆匆却弥足珍贵，还有什么比这更能体现日本文化的呢？

不管是茶会的过程，还是沏茶的流程，都很简单，这也能说明茶道的优雅。你的客人会一起在小凉亭里等候，茶师会出来将他们迎入茶室。随后，茶师会从另外一扇只有齐膝高的矮门进入，以示谦卑。炭火正旺，水已烧好，有经验的茶师会优雅地将水倒入盛茶粉的茶碗中，将其搅拌至泡沫状，而后将茶饮下。不过，上述苍白的言语完全无法形容这个无与伦比的过程，无法体现茶具之精美，无法描述装饰陈设与季节的和谐，更不用说出席者的诗词歌赋与杂谈了。

如果想有这样的体验，茶会必须按部就班地进行。考虑到很多地方一不小心就会出纰漏，我在这里写下一些注意事项。

找一位优秀的茶师

茶师需要经过数年的历练。你当然可以在朋友面前展示自己的茶艺，但在重要场合最好还是请一位专家，让他来主持。自己筹划茶会，很可能犯错。直接请人代劳，会让你赢得更多赞赏。

一名身穿礼服的武士正跪坐在地上，腰间别着一把刀

选择当季的花

一场好的茶会应该与季节相适，所以不需要竭力去找反季的花，这显得俗气。

选择精美的茶具

你的茶师肯定有价值连城的茶碗与茶入（小茶罐），但是别想着他会带着这些器具前来。相反，你应该自备一套精美茶具，这也不需要花很多钱。朝鲜的茶具原本很贵，但是自从我们从朝鲜带回俘虏，让他们建造瓷窑，烧制瓷器后，价格降了很多。想要找到物美价廉的茶具，最好的去处是唐津。不要错过机会，记得买一个青瓷茶入。

确保妖怪不会出来捣乱

茶会有时在室外进行，这可能引来妖怪。天狗和河童很可能躲在周围的林子里蠢蠢欲动，伺机搞些破坏。最简单的预防措施是给它们献上祭品，并在园林入口贴上告示，警告他们不要靠近。我每次都这样做，所以妖怪从未骚扰过我的茶会。

不要过度装饰

茶会本身就强调节制与和谐，所以特意说这点似乎没什么必要。但是现在武士当中出现了一种不良趋势，即攀比茶会的环境。你需要的只是一间茅舍。丰臣秀吉确实有一间黄金茶室，但这与粗俗只有毫厘之差。

战争结束后，武士会在澡堂中放松，收拾干净后再去侍奉大名

不要摔茶碗

松永久秀在自杀前摔碎了自己价值连城的茶具。请注意这只是特例。在茶会中发脾气是极为失礼的表现。如果你不小心把滚烫的茶水溅到自己身上，要记住武士道要求武士能够保持自制。

不要借茶道之机杀人

不幸的是，很多人利用茶会的机会私下密会勾结，甚至在茶会上实施暗杀。没有什么比客人被杀更能破坏茶会的平静祥和。

总的来说，既能纵情享受艺术与平和又精通战争之道的武士，才能更好地侍奉大名。愿你二者都勤勉精进。

8

如何指挥军队

古语云，鸣金退兵何其哀，响锣开战何其乐。

——武田信繁，《九十九条教训》

✢ ✢ ✢

如果有一天，你学业有成，武艺娴熟，声名远播，而且孝顺长辈，你就能成为“大将”，也就是指挥他人的将领。你的下属有些是像你一样的武士，所以去学习如何指挥军队，如何在战场内外赢得尊重，对你来说至关重要。

简单三步，征召一支军队

过去，将领的第一项任务就是征召军队。现在，征兵的重要性不如以往，因为在将军大人武德光辉的照耀下，以战争为职业的武士时刻准备好参加战斗。但有的时候，你也需要从其他人的部队中抽调人员组成一支新的队伍。下面是征召军队的传统方法。

第一步

最重要的是，早在开始征召军队之前，你就应该确切知道要征多少人，需要多少装备。你所带部队的规模取决于你个人的财力。财力的衡量标准是你拥有的田地的产出，以石为单位（石在之前的章节介绍过，一般来说一石粮食可以供一个人食用一年）。

现在，大名通常会将从农民那里收来的税米放进仓库，俸禄多以银钱的形式发放，不过原则是一样的。你可以根据自己的收入估算能够征召的兵力。每一百石米大约可以养活一名骑马武士，二十名步兵武士和足轻。如果你收入微薄，那么你就是那个骑兵武士，随从是六个持刀或长枪的披甲武士，还有三四名侍从伴你左右，既可以保护你，又可以帮你做些诸如扛长枪之类的杂活。你的部下很可能是持铁炮、长枪或者弓箭的足轻。当你把自己的队伍带到大名面前时，大名很可能把那些足轻送到其他军团，受他人差遣。如果你的级别够高，从其他部队抽调的足轻可能会被送到你的麾下。此外，你也可能是武士军团的一员，甚至可能被委以指挥和组织的重任。

第二步

如果你有先见之明，预先确定了你的队伍中会有哪些人，那么接到征召军队的命令后，你会更加从容。发起征召的一般是领地边界哨所的守将。遇到紧急事件时，哨所会点燃烽火传递情报。也许是你的领地即将遭到不怀好意的隔壁大名的入侵，也许是前线部队急需援军。如果你的领地位于九州岛，那么烽火甚至可能意味着外敌来袭。无论哪种原因，你都必须及时回应。

在战场上，武士通过旗指物（插在背上的旗子）来表明自己的身份。每个人都会背着一面旗子，高级武士能够背着一面专属的旗子，上面印着自己的家纹

第三步

过去，征召军队是一个既令人激动又折磨神经的过程。许多人并非职业战士，平日种田，战时作战。据说四国岛的长宗我部家为了保持随时迎战的状态，让农民在种田时把长枪插在田埂上，枪上系着一双便鞋。如今征召军队要方便得多，因为你麾下的大部分武士早已住在城中，许多足轻也在那里，因此只需要再从田

间招一些人来即可。让信使把他们找来，然后让人在大名居城的塔楼敲鼓，消息很快就会传出去。等到所有人都集合起来，备好武器，检阅完毕，你就可以带他们去为大名效力了。

指挥军队：人员分工

很久以前，大名常常亲自带领军队冲锋陷阵。到了战国时代，大名有时会同时卷入数场战役，因此会将指挥权下放给最忠诚的将领。不过不管怎样，一场战役的指挥权通常只会交给一名总大将，由那个人负全责。有一天，承担这个责任的可能是你。不过不要担心，因为有人会协助你，而且肯定会有一队精兵贴身保护你，他们站在主帅身侧，被称为“旗本”（在军旗之下）。

战场上指挥军队的或者是大名本人，或者是大名手下经验丰富的心腹武将。大名会任命自己的心腹为大将

大名的旗本武士组成了精锐的骑兵队和步兵队，他们的主要职责是保护大名的人身安全。这些部队的战士都穿着华美的盔甲，背着显眼的旗子，而且一般会穿母衣（一种宽大的、像气球一样鼓起的披风，穿的都是高级武士）。母衣代表着战士的高贵身份，负责传达将领命令的信使常常也会穿母衣。这些勇士必须显眼，因此色彩绚丽的母衣最适合他们。他们会穿着母衣在战场上纵横驰骋。

有一天，你也许会被选为旗本。如果你是大名的亲戚，那么你肯定已经是其中一员了。如果你是大名重臣之子，又是大名的侍从，那么你肯定也已经是旗本了。此外，你就只能通过在战场上的卓越表现或恪守孝道，才有机会进入高级武士之列。

不要误以为旗本的职责就是作战。许多幕后的组织工作同样是由出类拔萃的旗本武士完成的，他们肩负着一些看似平常却极其重要的职责。奉行就是一例。大名将管理权下放给奉行，后者负责管理盔甲武器的供给，监督河道运输，记录光荣的事迹，整顿军纪，有时还会承担一些与战争关系密切的任务，比如制订战术。某些经验丰富的奉行会随大名出征，比如在 1561 年的第四次川中岛之战中阵亡的山本勘助就是武田信玄的首席军师。其他奉行可能更擅长组织管理和文书记录，这些都是十分重要的工作。

除了奉行，另一类拥有明确领导权的武士就是在战场上指挥军队作战的将领。如果你有朝一日成为骑兵队的一员，那么你可能直接听命于将领。当大名将手中的军扇往下一挥的时候，将领就会命令蓄势待发的战士持长枪向前冲锋。他会是一个非常勇敢的人，会率军冲向敌阵，并在随后的混战中斩获大量首级。

一些年纪较轻的武士会担任将领的侍从。他们照看马匹，帮着扛武器，满足将领的种种需要。其中最勇敢的人负责拿头盔或扛军旗。不管是头盔还是军旗，都能让敌人知道将领的位置，因此承担这类任务的人自然会受到敌军的猛攻。如果这些武士能够侥幸活下来，他们最终很有可能晋升为高级武士。

善用出身低微者

并不是每名将领都能指挥其他武士，因为大部分士兵是足轻。除了前面提到的侍从，大部分足轻会被编入铁炮队。多年前，很多武士对指挥农民作战这件事嗤之以鼻，认为这有辱尊严。他们也有一定道理。作为一个彻头彻尾的老派人士，我能够理解他们的想法，但是我们必须与时俱进。我想指出的一点是，要是没有高贵武士忍辱负重指挥下等人作战，如今我们享受的安宁和平（承蒙将军大人和将军大人的武德）根本不可能实现。一些非常高贵的旗本武士的头衔虽然是“足轻大将”，但他们并不以此为耻。你也应当如此。

铁炮足轻大多是粗鲁的家伙，但是只要武士指挥得当，他们也有可能英勇作战。出色的领导力与严明的纪律，可以使足轻部队从一群随意招募的乌合之众（基本都是为了抢掠而来，而且随时准备逃跑）变成一批得到人们认可的低级武士。这在很大程度上多亏了尾张大名织田信长的远见。他是家康的同盟和朋友，不幸于 1582 年被人杀害。

我指挥过足轻。我发现他们是一群乐观开朗的好青年，无须对其抱有成见。为什么这么说呢？重新统一日本的秀吉，在成为日本前所未有的杰出将领之前，就是足轻。他不仅擅长政事和茶道，也是高明的领导者。更难能可贵的是，他的部下愿意随他赴死。

如何使用铁炮

根据使用的武器不同，足轻可以分为铁炮足轻、弓箭足轻和长枪足轻。铁炮足轻和弓箭足轻可以放在一起，因为他们都使用远程武器。弓箭足轻的箭术即便比不上武士弓箭手，但至少也不逊色，因为近年来高级武士渐渐轻忽了箭术的训练。弓箭足轻不必像武士那样弓马娴熟，而只需要站在地上放箭，而且常常按照命令一齐放箭，不用特意选取身份高贵的攻击目标。唉，这就是当今的战争。部分足轻会被挑选出来担任狙击手，用一种更受人尊敬的方式练习箭术。

和需要掌握技巧以及长时间训练才能成熟的弓箭手不同，铁炮足轻只需要训练并且服从命令即可。由于铁炮足轻的人数多于弓箭足轻和长枪足轻，了解这种凶恶武器的使用方式对你来说至关重要。我当然不是说你要亲自在战场上用铁炮射击——这太有辱你的身份——但是有时候你也许会受命带领一群下等人，他们会指望你能够在混乱的战场上激励、指挥他们。因此，你得了解如何训练铁炮足轻，这样在两军交火时你的部下就知道应该做些什么。

1543 年欧洲人带到日本的铁炮改变了日本的战事。右图中的武器便是铁炮，这种武器最适合集体开火。为了确保最佳效果，铁炮足轻必须经过严格训练

从葡萄牙引进的铁炮是一种复杂的装备，对于使用者来说也很危险，因为它遇明火可能爆炸。永远牢记，让火绳远离引药盘，除非有人下令开火。

第一步

首先让你的足轻排成一列，跪在地上。在这个阶段，你的部下可以点燃火绳，保持冒烟的状态就好。

第二步

拿起火药盒，将少许火药倒入枪口，用通条将药粉填实。接下来放进弹丸，弹丸会顺着枪膛滑到底。

第三步

接下来将引药盘的盖子滑到一边，将更多的火药倒入盘中，盖上盖子——切记要盖上盖子。

第四步

放入火药并拉回扳机后，就可以将铁炮水平举起以便瞄准。引药盘的盖子只有在这个时候才会被重新打开。

第五步

“开火”的指令一出，就可以扳动扳机，将火药点燃，将弹丸射出枪膛。如果你用的是大筒（放大版的铁炮），它的后坐力非常大，没经验的人可能会四脚朝天摔在地上，闹出大笑话。

左图就是大筒（也被称为“大铁炮”）。这种武器的后坐力非常大，使用者一般会朝高处开炮，以攻击后排的敌人

长枪足轻队——每名将领的噩梦

随便你问哪个将领，哪支足轻部队最让他头疼，答案都是“长枪足轻队”。这并不是因为这些将领有意说谎，或者他们胆小怕事，而是因为长枪足轻意志坚定（不像铁炮足轻，他们射击后就直接后撤），即使面对敌军的枪林弹雨也不退缩。在战斗中，长枪足轻会组成一道固若金汤的防护墙，或者保持队形缓慢前进。想想有些长枪的长度甚至超过四个男人的身高之和，你就会知道拿着一杆长枪多么不容易了，更不用说一群人集体持枪前进。这需要多么高超的指挥能力啊！我知道欧洲也有类似的士兵，通常被称为“枪兵”——他们遇到的问题与长枪足轻十分类似。

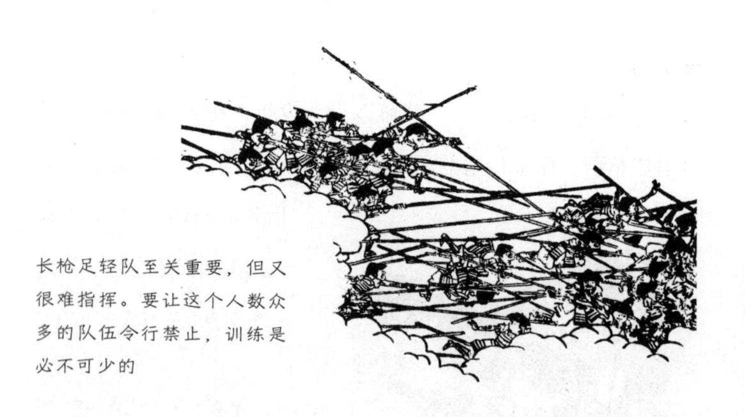

长枪足轻队至关重要，但又很难指挥。要让这个人数众多的队伍令行禁止，训练是必不可少的

对于将领来说，长枪足轻队最大的问题是如何让他们协调一致。如果你不注意，阵列之间就会有空隙，警觉的敌军会趁机派

骑兵突击，制造混乱，彻底破坏阵形。最后一点是，当你的长枪足轻队前进时，你要确保他们的枪尖都套着刀鞘，否则可能发生严重的事故。

招募士兵：重数量还是质量？

在本节里，我将提出一个非常重要的问题：你手下的士兵数量越多越好吗？一支庞大的军队确实可以从阵仗上吓到你的敌人，但是这样的军队必然良莠不齐。你希望招募一些忠诚可靠、孝顺长辈的武士和足轻，还是一些像上个世纪的足轻那样的乌合之众？

招募杂役

虽然听起来可能令人震惊，但是你手下奔赴战场的士兵中十个有六个不是去打仗的。现代军队需要大量装备，所以免不了要招一些专门搬运东西的人。他们工作一段时间，取得信任后，就能得到一件简单的外套和一顶头盔。但是大多数杂役都是以拉壮丁的方式加入军队的。这些人管理起来可能不那么容易，但是一般来说打一顿会好很多。

招募浪人

通过招募浪人（流浪武士）来增加兵力这件事确实很有吸引力。一些武士失去了主人，不知应该为谁而战，没理由不给他们一个机会让他们加入你的队伍，为你效力。但是也要小心，有些浪人可能只是冒充过世武士的流氓无赖，其中一些甚至可能是罪犯或逃犯。这些流民擅长巧言令色，因为他们十分渴望能够假冒武士的身份加入军队。浪人可以成为优秀的战力，但在招募他们之前一定要做好背景调查。

招募忍者

我其实不是很愿意提起招募忍者这样不光彩的事。忍者是会忍术的刺客、间谍和危险分子，忍术是一种偷窃和隐身的技术。忍者阴险狡诈，要么穿着一身黑衣，要么打扮成其他人。忍者不向大名效忠，他们只关心杀掉像你这样的高贵武士后能收到多少报酬。这种人永远不会有正面交手的勇气。他们的武器是黑夜中的尖刀、慢性毒药或致命的诅咒。有时，他们会偷偷爬上城墙，发动突然袭击，拧断敌人的脖子。他们的行事作风和我们截然不同。打个比方，在日本，哪个武士不想成为第一个冲进战场的人？但是当你发现忍者早就潜入敌军阵营，暗杀了他们的领袖，导致敌军在你有机会拔刀英勇作战之前就投降了，这多么令人失望！太丢脸，太卑鄙了！所以我们还是不要和忍者扯上关系。武士要赢得光明正大——但是也要注意不要被忍者的卑鄙技俩害到。永远不要忘记，忍者之道和武士之道是完全不同的。一定要注意！

忍者这类秘密刺客总能构成威胁，但是只要大名预防措施做得周全，就不用太忌惮他们

招募僧兵

在割下敌人的首级时，你是不是发现有的人头发剃得精光？你的同伴可能会说“这是一名僧兵”。僧兵到底是什么人呢？最简单的解释就是你杀掉的这个人既是一名僧人，同时也扮演着武士的角色。换言之，他已经受戒成为一名佛家子弟，但是不在寺院吃斋念佛，而是上了战场。不是所有信奉佛教的武士都是僧兵。就拿我自己做例子吧。我信奉净土宗，也剃光了头发，但是我并不是僧兵。

几百年前，比叡山和奈良的寺庙就有僧兵组成的军队。数年前，纪伊的根来寺还有自己的军队，直到1585年秀吉将其击溃。“那么一向一揆是怎么回事呢？”我听到你在问，“他们的军队充斥

上图画的是一些僧兵。10世纪，他们被招募来守卫比叡山和奈良的佛寺。大部分僧兵以薙刀为武器

着狂热的信徒，他们是僧兵吗?”当然不是！一向一揆就是一群乡下暴民和宗教极端主义者，他们竟敢质疑武士阶层的智慧与武德，尤其对某些高贵的大名心怀不满。一些误信净土真宗（我信仰的净土宗的异端），受其蛊惑的人甚至还不如基督徒。数十年前，他们在三河造反，反抗将军，最后被彻底消灭。还有一些这样的下等人想违抗信长，最终在1580年被信长剿灭。要是你的领地有农民叛乱（不管是不是宗教性质），你都要像他们一样行动。

9

战场上的武士

生于武者之家，当紧握刀剑直至死亡。

——加藤清正，《箴言》

✢ ✢ ✢

伟大的一天终于到来！这是你的第一场战斗。你学到的所有知识，你接受过的所有训练，都在为这一刻做准备。在战场上，你可能为祖上争光，也可能使先祖蒙羞。你可能自豪地取下敌军贵族武士的首级，也可能战死沙场，头颅被当作战利品。战场的恐怖无法用语言形容，佛教说杀生之人将堕入畜生道（我们将经受的痛苦仅仅稍好于堕入地狱道）。然而，这里也是荣耀之地，你可以在这里实现自己的使命。

出征

早在真正交战之前，你就应当做大量准备。决不能忽视这个阶段的重要性，胜利往往取决于它。我已经讲过如何训练，如何培养领导力，甚至讲过宗教信仰，现在我们必须来看看临行前要做哪些安排才能确保神佛保佑你，这一点至关重要。

我假设你会在战前祭拜祖先和当地神灵，参拜家族的菩提寺。但这是不够的，你要争取所有可能得到的帮助，因为战场是神人互动最为频繁的场所。想想建立幕府制度的源赖朝。他不仅是一名优秀的武士，也是一个非常虔诚的人，因此得到众神的青睐。他每次出征都会随身带上御守（护身符），还会让虔诚的僧侣诵经。他会让神官跟在身边，让他们预测吉日和凶日，以便决定何时开战。到了神官推测出的最适合上阵的那一天，赖朝会一丝不苟地完成所有必要的仪式，以确保众神为他而战。他的对手平氏由于极度自负，蔑视神佛，因此受到应有的惩罚。赖朝虔诚的行为是我们所有人的榜样。

战场是神人互动频繁的场所，因此武士向众神祭拜并祈求胜利是至关重要的

武士出征前都会想饱食一顿，这很可能是他步入黄泉之前的最后一顿饭。他会吃干栗子、紫菜和鲍鱼，还会喝一杯离别酒。我记得几个月前在大坂

冬之阵期间，我就和多位老友喝过离别酒。

如果军队要保持战斗状态，可靠、高效的军粮供应是必不可少的。军队在出征前会准备一些军粮，还会在行军途中派人搜寻甚至掠夺粮食

准备完毕后，即将启程的将军会鼓舞手下士兵，然后骑上战马，率领大军出城。士兵列队整齐，战旗高高举起，但在这个关键时刻，诸神可能通过种种迹象表示不悦。这种非常严重的事情会导致士气低落，但还是有办法克服的。除了在出发前祭拜神佛，你还要占卜，准确预测当天的吉凶，通过一些简单的预防措施来解除凶兆。例如，前一天晚上避免与夫人同房，根据季节穿合适的衣服，避开所有不洁之物和不洁之人，如经血和孕妇。制订战略必须严格遵守占卜结果。举两个简单的例子。虎年出生的武士在火虎年应避免在触水龙日参战，火狗年出生的武士适合在土年作战（除非这一年也是鼠年，在这种情况下，他只有在特定的月份战斗才会获胜）。一切就这么简单。

出征时的一些迹象可能显示神明不悦，比如大名摔下马，掉下弓等。幸运的是，神官可以快速占卜，揭示无知的人眼里的不祥之兆其实是吉兆。例如，如果大名的马将他摔在地上，神官可以将其解释为神明命令大名迅速上阵以惩罚他的敌人。士兵听到这种明智的解释后，就会了解预兆的真正含义。

行军

军队现在要走很长的路。走在最前面的是斥候，这些通常穿着母衣的精锐士兵会不断离开军队，然后返回，让指挥官了解行军经过的地方的最新情况。主力部队以可管理的小队的形式前进。走在中央的通常是大名本人，他的骑兵卫队、步兵卫队和其他旗本武士，以及旗本武士的侍从。穿着精美铠甲的武士会骑马前行，紧随其后的是令人毛骨悚然的长枪队。这确实是壮观的景象。在主力部队后面的是辎重部队。如果有人看不起负责运送粮草的职务，我会非常生气。输送粮草非常重要。

军队必须通过两种方式来保障军粮的供应。第一种是随军运输的粮食，第二种是在途中就地取食。军队中运输粮食的工作由驮马和杂役承担。十天的分量并不算多，如果你威胁要鞭打杂役，他们会运送更多的粮草。关于就地取食，你必须要知道在哪里能够找到粮食，以及如何支付。二者都需要你对行军路线周边的情况了如指掌。只有在敌方领土，抢劫才是可以接受的。但即便如此，也应格外小心，因为敌方土地上的农民很可能饱受他们的大名的暴行和苛捐杂税之苦，非但不会反抗你，反而会加入你。在这样的情况下，掠夺他们的粮食将是一个严重的失误。

▲位于四国岛梼原町的那须信吾铜像，他被视为武士的典范。他是坂本龙马的同伴，加入了土佐勤王党

▲和仁亲实于 1578 年的田中城之战中战死的场景。这是 2011 年 2 月在熊本县和水町举行的战国肥后国众祭

▼丸龟城的铁炮演武。铁炮就是轻型火绳枪，这种武器给日本的战争带来了剧变

▲ 2008 年春节日光东照宫的流镝马表演，骑马者必须三次射中跑道旁的木靶。流镝马原本起源于打猎而非战斗（战斗中，武士不会在骑马驰骋时放箭）

▼更为罕见的一个技巧是披甲泅渡，有人甚至能够一边渡河，一边挥舞兵器。在这张照片中（摄于九州岛熊本县），我们可以看到一个全副武装的现代人正表演披甲泅渡

▲这套盔甲的胸甲上有十字架的图案，头盔的前立有两个角

◀ 松本城的天守阁建于 1597 年，是日本现存最古老的天守阁。拥有高大的石垣和高耸的塔楼的松本城是日本城的典范

▲这套盔甲有白色系带，缀有皮毛边饰。头盔的前立像山伏戴的头巾

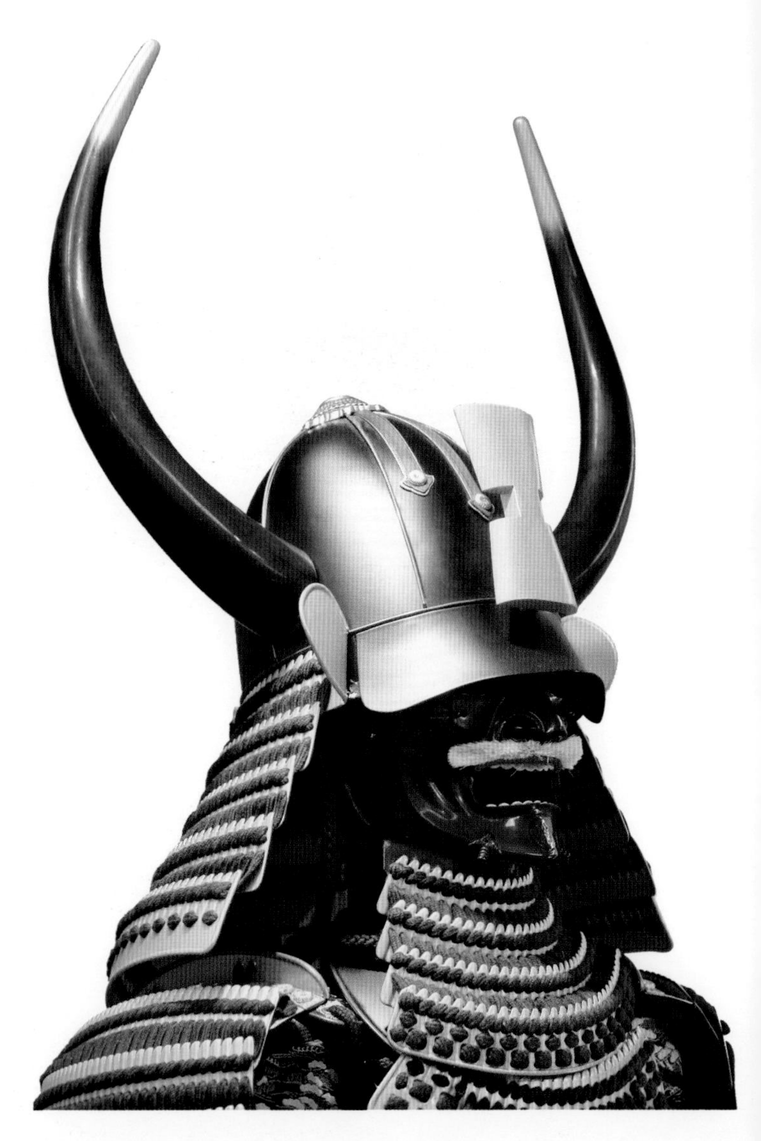

▲山本勘助华丽头盔的当代仿制品。山本勘助是武田信玄的首席军师。他在1561年的第四次川中岛之战中提出了一项大胆的计划，这导致武田军一度近乎失利。他因此自尽

如果确实有必要从敌人那里掠夺粮食，那么就要确保有收获。最麻烦的事情莫过于，武士不知如何有效搜掠，最终反倒被敌方的农民愚弄，他们可能早已把粮食藏了起来（比如把米袋埋在地下）。

如果你怀疑他们欺骗了你，那么你可以吊打他们。极端情况下，你的敌人可能已经实施了焦土政策，那就真的什么都找不到了。因此，存储一些物资是明智之举。你还要注意，水源可能已经被下了毒或被粪便等污染了。这种罪行卑劣至极，但它确实有可能发生。

我希望这些能让你相信，负责运送粮草是一项光荣的职务。即便在大部队后方行进，你仍然有机会赢得荣耀，取下首级。想想 1561 年上杉谦信的辎重队遭到袭击后发生了什么吧。

右图是背着米袋的足轻，搬运工作通常由军中的杂役来做，杂役的人数很多

布阵

现在敌军就在不远处。到了这个阶段，一切都变了。军队从行军到布阵的转化并非易事，但我们确实很幸运，前人为我们留下了一些不错的阵法。这些阵法源自中国的明君唐太宗。有了这些固定的阵法，将领就可以让军队顺利布阵。阵法必须在战前反复训练。当这些动作牢牢印在士兵的脑海中时，将领就可以下达诸如“摆长蛇阵”或“变为雁行阵”之类的命令。一切如行云流水。

这些阵法的一个关键之处是将领的位置，他必须能够时刻观察军队的动向和战况。他会待在被称为“幕”的大帐里，四周是他的卫兵，传令兵会把命令传达给下属，后者会按照他的命令部署武士或足轻。

将领坐在军帐的马扎上观察战况，他手里拿着一根名为“采配”的指挥棒

接下来就开始战斗吧!

准确传达命令，避免令人厌烦的沟通问题

指挥链完全依赖良好的沟通。下面让我们看看有什么通信方法，以及它们是如何运作的。如果将领的命令无法传达给下属，我刚才描述的高明的阵法将帮不到你任何忙。

视觉信号

从将领到他的下属再到他的部队，最直接的视觉交流形式是将领挥舞军扇。军扇有三种。第一种是采配，也就是绑着流苏的指挥棒。第二种是折扇，但扇骨是铁制的。第三种是实木扇。将

将领的军扇是命令传递过程的第一步。将领会站起身来，用军扇发出命令

军甚至可以用这些来防身。在 1561 年的第四次川中岛之战中，武田信玄突然在自己的军帐中遇袭，他没有任何防身武器，手头只有军扇。刺客连出七招，而这名刺客据说正是大名鼎鼎的的上杉谦信本人。

只有将领身边的人才能看到战扇下挥，因此为了将命令传到更远的地方，军队会使用信号旗系统。每支军队有数百名足轻负责打信号旗，这些足轻会分为若干组，每组至少十二个人。将领麾下的指挥官会留意这些信号并做出相应的反应。

听觉信号

发出声音的方法有三种。第一种是敲打战鼓，其低沉的声音远传，振奋军心。不同的鼓声可以表示前进或后退，敲鼓的频率也可以改变。法螺贝（海螺小号）是另一种实用的乐器，其悠远而凄厉的声音能传出很远，在山间尤其有用。法螺贝常常与在山间灵修的山伏联系在一起，山伏尤其擅长吹法螺贝。你可以尝试招募一名山伏，他不会让你失望的。锣和钟在战场上的用处不大，它们最好仅用于计时或军营生活中。

法螺贝在战场上非常有用，
山伏尤其擅长吹法螺贝

传令兵

有时人们不能冒险仅靠鼓或旗帜来传递情报，这时就要用到传令兵，他们可以向四方传递命令。传令兵非常危险，因为敌军的神枪手会寻觅机会射杀传令兵以阻碍命令的传递。

在过去的一千年里，战争有哪些变化

我相信为了精心准备第一场战斗，你一定读了很多军记物语（上文给过一些有用的建议）。但同样重要的是，你要知道战争在过去的一千年里发生了很多变化——其中许多来自军事技术的进步。源平之战的武士虽然擅长骑射，但面对铁炮无能为力。武士的精神始终如一，他们仍然渴望冲锋陷阵，寻找身份高贵的对手，赢得巨大的个人荣耀，这些仍然是武士追求的。但许多其他元素已经改变了，你需要了解它们。

在奈良时代，人们觉得普通人也能被征召入伍。但随着武士的崛起，一切都发生了变化。武士重点关注的是马术和弓术，直到三个世纪前蒙古人给了我们一些教训。他们向我们射出一连串的箭，并以密集队形前进。幸运的是，随后日本国内的战争又回归以前的方式。但铁炮的引入使我们的战争倒退回蒙古人的战术。这虽然令人遗憾，但武士之道要求我们尽己所能为大名效力，即使这意味着没有那么多机会获得个人荣耀。不过一旦机会来了，奖赏也会随之而来。例如，在贱岳之战中，丰臣秀吉将当天作战最勇敢的武士称为“七本枪”。抢先上阵仍然是许多武士最大的执念，没有任何荣誉可以与之相比。能够让人们记住的是拿下第一个首级的武士、拿下最多首级的武士、拿下敌军大将首级的武士。第一个用刀杀死敌军，也是一种荣誉。第一个用长枪杀死敌人同样如此。就我个人而言，我真心期待有朝一日，那些冷静地率军上阵，成功地指挥他们作战，后来又能再次上阵的武士能够获得同样的荣誉。

八场著名的战役，以及我们能学到什么

最宝贵的经验教训全部来自过往的战役。让我们一起看看下面八个著名的战例。

宇治之战（1180 年）

我在第一章中提过，可耻的平清盛将女儿嫁给天皇，并且把持了朝政。1180 年，源氏向他发起挑战。源赖政虽然实力微弱，但仍然起兵反抗平氏，并得到了寺院武装的支持。当平氏军进攻他们时，赖政率军向南撤退，在宇治川南岸列阵。为阻止平氏军的追击，他拆掉了宇治桥的一大段木板。双方在断桥上激战，最终平氏军成功渡河。由于形势危急，赖政撤退到附近的平等院，

他的几个儿子在那里挡住了敌人。他在自己的战扇上写下辞世诗后切腹，这样的壮举值得我们所有人效仿。在这场战斗中，双方都表现出英雄气概，无论是顽强的防守还是出色的进攻。

一名勇敢的武士正骑马渡河。在1180年平氏打败源氏的宇治之战中，平氏军就是这样发动进攻的

河越城之战（1545年）

1545年，上杉朝定和上杉宪政一起向北条氏康的弟弟北条纲成把守的河越城进军。纲成的守军只有三千人，却挡住了八万五千名攻城者。北条氏康率领八千名武士救援河越城，一名英勇的战士成功穿过上杉的防线，告诉纲成援军已经在路上。援军同样兵力不多，但围城者过于自信，放松了警惕。氏康决定夜袭，与城中的纲成内外夹攻。氏康命令部下不要穿厚重的盔甲，要穿白衣，以便在黑暗中能被看到。他还命令他们不要浪费时间去割首级。为了共同利益，他的部下心甘情愿地暂时放弃了这项最基本的武士特权，这充分说明了北条武士的忠诚。计划执行得非常完美，虽然北条的兵力只有对手的十分之一，但北条军还是

胜利了。河越城之战证明夜袭可以奏效，但必须协调一致并严格遵守纪律。

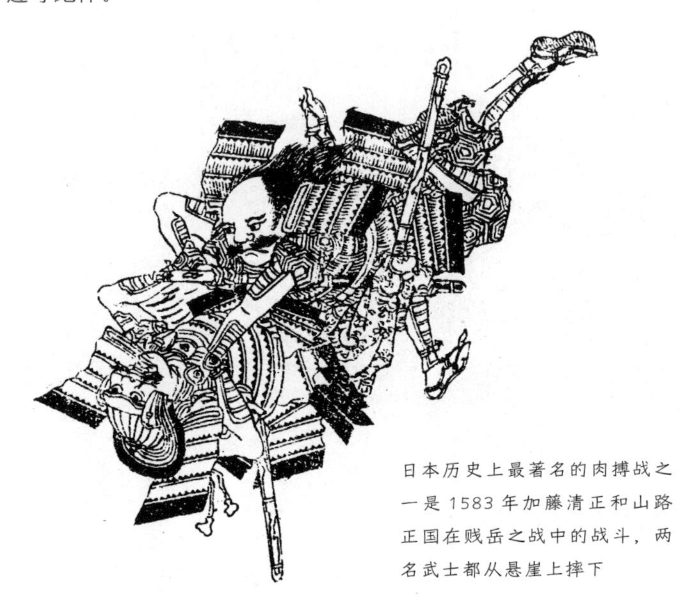

日本历史上最著名的肉搏战之一是 1583 年加藤清正和山路正国在贱岳之战中的战斗，两名武士都从悬崖上摔下

桶狭间之战（1560 年）

这是织田信长赢得的第一场重大胜利。虽然没有人愿意以任何方式诋毁信长的成就，但他的对手今川义元的所作所为确实是日本历史上最佳的反面案例。义元是战国时代第一个试图上洛（进京）的大名。他沿着东海道，率军穿过尾张国。起初一切顺利，主要是因为英武的家康年轻时效忠义元。今川军攻克尾张国的丸根城后，义元在桶狭间观看丸根城守将的首级。他过于松懈，完全没有注意到来袭的信长军。这场战斗持续了大约五分钟，今

川丢掉了自己的脑袋，信长声名鹊起，家康也不需要继续效忠一个愚蠢的大名。让我们牢记义元的教训。桶狭间之战向我们展示了一名好将领必须时刻保持警惕。

一名信使将信长军来袭的消息报告给目瞪口呆的今川义元。义元刚刚取得胜利，正坐在那里观看敌军守将的首级。不久之后，义元被杀

川中岛之战（1561 年）

第四次川中岛之战是上杉谦信和武田信玄五次交锋中规模最大的一次。谦信在妻女山布阵，从那里他可以观察海津城的武田军的动向。信玄的军师山本勘助提出了一个聪明的计划：武田军趁夜色离城，在河对岸的八幡原布阵，然后派军从后方袭击妻女山，将上杉军赶下山，赶到武田军所在的八幡原。但谦信察觉了信玄的意图，并悄悄离开妻女山，前往八幡原。黎明破晓时，他从侧翼攻击武田军。据说谦信还曾杀入信玄大帐，袭击信玄。这

时，从海津城出发的夜袭队发现妻女山已经被遗弃，于是匆忙赶到八幡原，在那里遇到了谦信的后卫部队。激烈的战斗还在继续，山本勘助因为自责自杀身亡。但随后武田军再次集结，击退了上杉军。双方都声称自己获得了胜利，但无论哪一方都付出了高昂的代价。

这场著名的战斗是军事指挥的绝佳范例。两位大名都在夜色的掩护下调动大军，而且完美地运用战法。他们的武士随后死战到底。

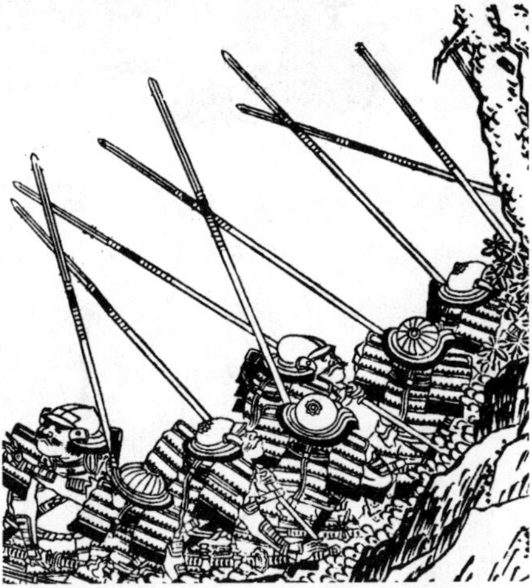

一队持长枪的武士正奔赴战场。以长枪为主要武器的武士部队在战场上很常见

三方原之战（1572 年）

家康将军很少打败仗，我在这里介绍一场将军输掉的战役，这可能让你觉得惊讶。但这有一个很好的理由。武田信玄率军从

甲府出发前往滨松城。家康与他在滨松城以北的平坦的三方原交战。双方爆发了一场激烈的战斗。德川军寡不敌众，被迫撤退，但家康接下来的指挥堪称经典。首先，他派小股部队骚扰追击的武田军。其次，他命人在滨松城的门楼擂鼓，引导士兵回城，同时打开城门，大摆空城计。当武田军到达城下，看到城门大开时，他们害怕城中设伏，于是退兵。在毫无胜算的情况下使用这种高明的战术也可能获得成功。

两名武士正持长枪骑马厮杀，类似的较量发生在川中岛之战和姊川之战中

长筱之战（1575 年）

这场著名的战役经常被人误解。围攻长筱城的武田军被拥有三万八千人的织田、德川联军击败，后者为解除长筱城之围而来，并在设乐原布阵，设乐原前方有一条河流，利于防守。信长还有三千名铁炮手，由于意识到他们需要保护，因此命人在河边筑起三重土垒，布下防马栅。信长计划让铁炮手在武田骑兵靠近时对其齐射。武田军反复冲锋未果，最终开始撤退并遭到追击。有人说长筱之战是铁炮的胜利，但事实并非如此。这是一场常识的胜利，关于合作和调配军事力量的常识。务必牢记。

户次川之战（1586 年）

户次川之战是一场灾难，每个研究这个战例的年轻武士都将从中受益。秀吉进攻九州的先头部队由长宗我部元亲和仙石秀久指挥。他们在九州登陆后奉命采取守势，等待更多部队前来。唉！他们决定违背秀吉的命令，前去解救被岛津军包围的鹤贺城。围城的岛津军注意到他们接近，于是解除了对鹤贺城的围攻，向坂原山退却。看到岛津军后退，仙石秀久命令部队渡过户次川，发动进攻。虽然长宗我部元亲提议撤退，但秀久拒绝了。岛津军设下伏兵后，伊集院久宣率领一支诱饵部队过河进攻，然后撤退。丰臣军左翼追击时遭到箭矢和铁炮的袭击，岛津军主力对其发动猛攻。经过激烈的战斗，左翼渡河撤退。右翼同样溃败。长宗我部元亲命令部下撤退，他的儿子兼继承人信亲在这场战斗中战死。

这就是不听号令的下场。

泗川之战（1598 年）

这是第二次远征朝鲜的最后几场战斗之一。泗川城约有七千名守军，主将是岛津义弘。1598 年 9 月中旬，明军将领董一元集结了三万名左右明军士兵和两千余名朝鲜军士兵。1598 年 10 月 1 日，联军抵达泗川城。双方在攻守中智计百出。明军使用攻城锤和大炮猛攻城门，日军设法摧毁了攻城武器，并向明军投掷燃烧弹，命中明军火药库。在攻城战的最后一天，义弘主动率军出击，在野战中击溃朝明联军。这是一个从尽全力防守到成功反击的例子。

武士在战场上切腹。这是在失败时维护荣誉的极好方式

关于战场规矩的常见问题与答案

你现在已经能够从容地持刀迎战敌军，一心只想取下首级。

只待一声令下，你便会冲锋向前。这时你会想些什么呢？下面是一些常见的问题以及我对它们的看法。

问：上战场之前我要不要先杀了我的妻子和儿女？

答：几乎没有必要。不过也有这样的先例。一位大名奔赴战场时已经预料到自己肯定回不来，因为担心自己死后家人可能遭遇不幸，为安全起见决定将他们杀死。但这只是个例。

问：我应该给头发熏香吗？

答：嗯，当然。这样你的头被砍下来时味道会更好。

问：我应不应该先装死，然后去刺杀臭名昭著的敌军将领？

答：这种做法明智光秀已经试过了。1582 年在山崎之战中，他藏身于众多尸体之中，而后出手刺杀秀吉。这是令人称赞的壮举，不过你得根据具体情况来决定这样做是否合适。

问：我听说与敌人单挑已经过时了，这是真的吗？

答：自武士出现以来，就没有什么战斗形式比找一个合适的对手单挑更光荣的。现在肯定不像以前有那么多机会可以这样做，主要是因为军队的规模远超以往，以及足轻战术的运用。但是，即便在混战中，你也一样可以挑选对手。你可以通过对方旗帜上的家纹判断他出身哪个家族，但你无法知道他本人的地位（以及他是否值得你出手），除非你直接问他。他可能会乐意告诉你，但是要记住，你们在交流时你可能被那些根本不敢挑战你（更不用说让你叙述家族历史了）的卑劣小人射过来的子弹打中，直接毙命。所以一定要深思熟虑。

问：收集足轻的首级有用吗？

答：当然。这体现了你的勇猛，而且你收集的首级数量会影响你最终得到的的奖赏。但是也别忘了河越城之战中北条的例子，收集首级确实相当耗费时间。砍下更多的首级，比收集你已经砍下的更能发挥你的作用。

问：我的大名让我烧毁一座神社，我害怕会触犯神灵，我应该服从命令吗？

答：这个问题不容易回答。你当然应该服从命令，但是现在还有想烧毁神社的大名吗？数十年前，许多大名误入歧途，对基督教的欺骗与谎言信以为真，常常做出烧毁神社寺庙之类的事情。他们都受到了谴责，也承受了上天的惩罚。我相信如今肯定不会再有如此令人震惊的事件。

问：我的大名要我以生命为大家展现极致的武勇，我该怎么办？

答：你真不知道这个问题的答案吗？

问：我怀疑我身边的士兵是忍者，因为他举止有异。我应该杀了他吗？

答：不，他可能只是心情不好。你可以把他抓起来打一顿，他就会吐露真言了。

问：我被命令指挥一组浪人。敌人向我们冲过来时，所有浪人全部四散而逃，我应该和他们一起逃跑吗？

答：不，你是真正的武士，他们不是。你不要因为征兵官的错误责备自己。坚守阵地，死也要死得英勇。

问：同为武士的同伴把他砍下来的首级给我，并且和我说只要给他钱，我就可以把这份功劳据为己有，我应该同意吗？

答：当然不能。这种卑鄙小人就像清酒桶里的渣滓。他大概率是个流氓无赖，砍的是一些穷苦农民的头。这种人太可恶了！

问：我已经被敌人完全包围了。我的头盔掉了，身上插满了箭，看起来像一只豪猪，刀也已经断了。我应该怎么办？

答：快速翻到第十二章，看看标题为“十四种自戕的方式”的那一节。

硝烟背后

你的部下已经就位，接到命令后冲向敌军。你现在到了一场战役中最重要的阶段——两军交锋。战场宛如野兽的国度。你的四周都是刀剑砍击盔甲的声音、战马的嘶鸣声、铁炮的射击声，惨叫和呼喊使这些声音愈发刺耳。数百年来，战争一向如此，现在又由于铁炮的出现变得比历史上的其他时代更加嘈杂混乱。我已经列出了在打仗前会发生的一些事。但是当两军真正交战时，到底会发生什么呢？命令无法传达，大家已经忘记了自己接到的命令，战场一片混乱——成千上万支铁炮发射时冒出的烟使战场变得更加混乱。战斗可能演变成乱战。一名武士在劈砍另一名武士，除了一枪之距，再无暇顾及其他地方。你能找到一个合适的单挑对手吗？你能在硝烟中看见他吗？别说寻找合适的对手，你很可能被六名持长枪的足轻围攻。他们企图将你打倒在地，而你可能犹如一头困兽。你的长枪可能很快就断了，而后刀也卷刃了，不久之后你连匕首都抓不住了。最终，你只能依靠自己——这样的场景正是本书到目前为止想要帮助你应对的。你是一名真正的武士，愿神佛保佑你。

高贵武士的战斗术

理论上来说，你应该已经跟高明的师傅学习过武术，而且已经勤加练习。但是以前你学习和练习的这些技巧都只在城中或者猎场用过，现在你要把它们用于实战。实战和练习有很大不同。不像之前的比试，现在和你战斗的人充满杀意。

骑马武士的骑射术

我们先来看看如何在马上战斗。马上作战通常会用到两种武器——弓箭和长枪，现在前者已经比较少见了。最重要的一点是你不能穿轻甲。我们有时读到元军骑兵行动自如，在撤退或者其他时候可以在马上左右开弓。与他们不同，你要穿重甲，这将极大限制你的行动。对行动限制最大的是你只能朝左边射箭。朝正前方射箭还是可能的，但是如果想在马鞍上扭转身子，朝右边放箭，就极其困难了（假设你是右撇子）。这也意味着当你朝某个或者某群人放箭时，你很可能暴露在敌人面前。而流镝马这项技巧能给你带来很大帮助，你可以又快又准地朝右边放箭。同时也要注意，你需要从右侧的箭囊中取箭，练习如何在保持平衡的情况下拉弓搭箭是非常重要的。

骑马武士的枪术

在马上如何使用长枪，取决于你是单兵作战还是集体行动。

一队骑兵通常会奉命一同发动冲锋，此时应紧握长枪，枪尖朝前。马向前狂奔时带来的冲击力对你很有帮助。在欧洲，长枪也是这么使用的，只是长枪在那里被称作“长矛”。用长枪对付另一个同样骑在马上的对手要困难得多。对手也想用长枪刺杀你。你可以试着用铠甲比较光滑的部分接住他的攻击，他的长枪很可能就这样滑过去。反过来，你在攻击的时候，要对准他的铠甲薄弱的地方。

集体冲锋时，密集的队形使你无法自如地使用长枪，否则你会伤到自己人。单枪匹马作战时，你就可以更自由地挥舞长枪了。你可以踩在马镫上，双手持长枪左右横扫，也可以将长枪当作砍劈武器来使用。在后一种情况下，长刃长枪是最好的。镰枪（双刃长枪）能将步兵拽倒，将骑兵拖下马。加藤清正擅长使用片镰枪。在马上能使用的终极砍劈武器是前方带有弯刀的薙刀。但薙刀和野太刀一样，只适合高手使用。

马上使用手铳的技巧

我听说目前有人正在开发一套在马上使用手铳的技巧。骑马武士将每人装备一把手铳，然后列队冲向敌阵，并向其开火。敌军士兵中枪身亡后，敌人的阵法会露出破绽，此时攻击方可以丢掉手铳，拔刀冲入敌阵，趁乱击溃敌军。

骑马武士的剑术

如果长枪和弓箭都无法使用，武士就不得不用刀了。马上用刀没有一定之规。从奔驰的马上一刀砍下，力度更大，可能将盔甲劈成两半，还可以以极快的速度砍断四肢，斩下首级。两名骑马武士之间的白刃战令人震撼，武士一手持刀砍劈对手，另一只手则握住缰绳。

步战武士的枪术

众所周知，若想充分发挥武士的单兵能力，就得让他自己决定攻击对象，因此阵法对步战武士的限制不算严格。他肯定想找一个身份高贵的对手，但在当代的战争中，这并不容易。武士绝不能仅仅因为敌人出身卑微就放弃战斗，所有敌人都是攻击对象。若想你的大名赢得战役，就必须击败所有敌人。因此，无论对手是谁，只要有机会就要上前战斗。由于你的身份，一个或数个侍从会在你身边，给你递武器，有危险时提醒你，确保你和对手的打斗不受他人干扰。学着相信他们的判断，这样你才不会落得像1587年田中城之战中的由布大炊助一样凄惨的下场。这位英勇的战士冲在最前面，但他的侍从意识到有埋伏，喊他回头。由布实际上是一个双耳失聪的可怜人，听不到侍从的示警，最终战死。你可不要步他的后尘。

步战武士使用长枪，进可攻，退可守。最能体现长枪防御功能的是用长枪接住对方砍过来的刀刃。你可以选择将对方的刀刃架到一旁，或者用更大的力道缓缓将刀刃压回去。而后你便可迅速持枪刺向对方，这一招基本上总比砍劈有效。记得瞄准对方盔甲覆盖不到的部位，譬如双目、咽喉或腋窝。直接刺向胸甲，枪头或许会滑至一旁，不会造成任何伤害。但如果你的对手穿的是老式铠甲，枪尖也许不会打滑，铠甲的钢板能够挡下所有伤害。

与使刀相比，长枪的最大优势是它能使你和对手保持安全的距离。对手确实可以抓住枪柄，甚至将其砍断，但这样做的难度太大，而且会使其遭受刀剑的攻击。把长枪想象成延长的手臂，最佳的防御方式是保持你和对手之间的距离，而能否击杀敌人取决于你能否快速缩短那段距离。

步战武士的剑术

两名武士在战场上拔刀相向，这难道不是我们渴望看到的理想情形吗？虽然事实的确如此，但我们必须意识到，步战武士之间的刀剑打斗大多发生在混战中。在混战中，一名武士可能要同时对付两三个敌人。混战的特征就是人人几乎都在胡乱砍劈身上背的旗帜和自己不一样的人。你在战场上挥刀砍劈，就像身处密林中的人用刀砍出一条路一样。只有真正的强者才能在混战中取胜。你不仅要性情刚毅，还要有充沛的体力。混战中的武士必须对所有动向保持警惕，一刻不能松懈。一名武士若是在混战中停下来去割下一个戴着华丽头盔的首级作为战利品，他自己可能当场成为他人的战利品。

在理想的情况下，一名武士只须对付一名对手，那么双方就可以充分发挥自己的能力，就好像他们在各自大名城中的院子里一样。如果两人都是著名的武士，那么他们的侍从基本会保证旁人无法干扰他们。他们的侍从不会互相打斗，而只是充当助手，帮主人拿旗指物（这些插在背上的旗子在单挑时是累赘）或备用的长枪和刀，同时旁观这场将被万世传唱的伟大战斗。与混战不同，在单挑中，武士不用着急，可以先采取防御姿势，因为他们都知道危险只来自一个地方。他们上下打量对方，当武器碰撞在一起时，真刀的力道和冲击力比练习时用的木刀更大。开始打斗之后，最先被毁坏的是将铠甲的各部分连在一起的绳索，因此两名武士不久就会显得很狼狈。如果头盔掉了，那么头颅便会成为目标。早晚会有人砍到盔甲的薄弱部位，如腹股沟或脖颈，较弱的武士会因为剧痛无法继续抵抗。而后对手会仁慈地使出最后一刀结束他的性命。牺牲者倒下后，赢家会抽出匕首或短刀割下落败者的首级。

除非不得已，否则没有人会干涉单挑。就算你没了刀，没了长枪，也没了匕首，只能赤手空拳去搏斗，你也必须独自承担最终的后果。因此，和你的对手扭打吧，用尽全身的气力使他失去重心，将他推倒在地，而后你就能用柔术使他无法动弹——腕部是下手的好目标。除此之外，你也可以用整个身体的重量压制住他，甚至直接勒死他。等他没了声息，全身瘫软，你就可以把他的头砍下来。

10

城与攻城

我诚挚地向你保证，我在葡萄牙、印度及日本看过的

所有宫殿与房屋里，没有什么可以与此匹敌。

——路易斯·弗洛伊斯，《岐阜城游记》

✢ ✢ ✢

武士自然更希望在战场上展示自身的武勇，但无论你是否愿意，大部分战斗可能是围绕着城展开的。这就带来了全新的挑战，要求你掌握一套完全不同的技能。但这也给了你获取巨大荣誉的机会，虽然常常得历经一番艰辛。

城是耸立于高大石墙（被称为“石垣”）之上的碧瓦白栅，以金装饰的宏伟建筑，仿佛精致华美的武士头盔。但城并非自古以来便是这般模样。在很长时间，大部分城只是用木材搭建而成，构造薄弱且只能作一时之用。这些早期山城有一系列相互交错的防御区域，而且基本都建在山上，城主则居住在山谷之中。树木繁密的山坡便是城墙。为腾出建筑用地，保障开阔的视野，有的

树木会被砍掉，砍下的木材用于建造塔楼（被称为“橹”）。随着时间的推移，某些城主会在许多相距甚远的山上修筑支城，从主城控制它们。不久之后，某些头脑灵活的城主对城进行改良，加上了日本城最为显著的特征——巨大的石墙。这样一来，其上所筑建筑物可更为精良。数以千计的工匠将山冈上的植被清除，并按照精准的几何图案在斜坡上铺上一层石块。坚固的石墙不仅有防御效果，也能在地震中起到保护作用。修筑石墙的时候并不会用到砂浆，墙上的石块乍看起来仿佛是胡乱堆砌的，但实际上它们是以小头朝外大头朝内的方式精心砌成的，并且形成了一条优美的内凹曲线。加藤清正的居城熊本城就是一个杰出的范例。在石墙上方，沿石墙而建的是一道矮墙（被称为“塀”），其内是木头和绳子，其外涂上一层灰泥。这种墙壁除了能防雨，墙上还有一些射击孔，守军可以从内射击铁炮或者放箭。每座城都有几处入口，城门由厚重的木头制成，并由铁片长钉加固。门枢大而重，由铁铸成。

早期大名的住处位于山中，与附近山头的一座瞭望塔相连。不过，这种模式已经很久不用了。取而代之的是一个宏大的防御体系，纵横交错的塔楼、过道、内墙等组成了一个迷宫，掩盖住了山体。城的核心是宏伟的天守阁，它可以居高临下俯瞰整片领地，是大名权力的重要象征。它也很实用，战争期间如若城中其他塔楼和庭院都已陷入敌军之手，它可以被当作坚实可靠的最后避难所。那些藏身大坂城中的愚蠢叛党现在正是如此。

左图是名古屋城的天守阁，名古屋城是雄城的典范

除了军事功能，天守阁同样极具观赏性。窗户、屋顶和山墙样式精美繁复，檐顶重重瓦片，顶部屋脊上装饰有虎头鱼身的饰物，可抵御恶灵，防火灾。天守阁通常是白色的，但也有一些例外，也就是所谓的“黑城”，比如熊本城、松江城和冈山城。这是因为这些城是使用了比周边的白色灰泥显眼得多的黑木。此外，山墙顶端还有装饰用的家纹。因此日本的城既可作为军事堡垒，亦是极美之物。

守城须知

让我们看看这些优美的城是如何被攻陷的。不幸的是，现在仍然有一些先入为主的错误观念存在。我将在此为你介绍城的真实情况。

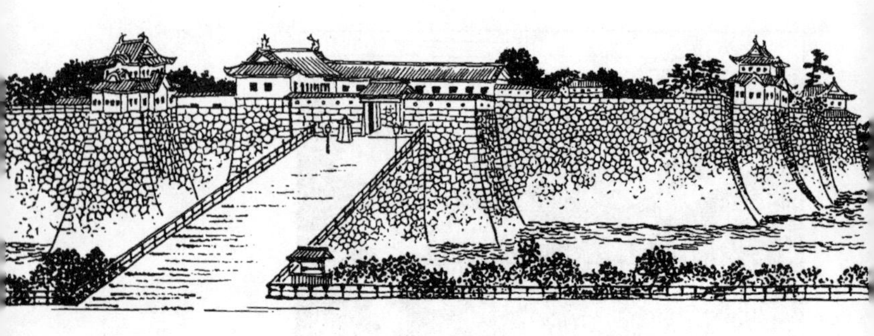

大坂城的外墙和护城河，该城于 1586 年由丰臣秀吉所筑

（一）城的大部分建筑仍然是木造的

数百年前的城完全是木造的。即便现在已经发展出了石墙，城的主要部分还是木造的，因此火灾乃是大敌。必须时时保持警觉，预防火灾，别让一个懒厨子毁了百年基业。

（二）城的位置不尽相同

地点，地点，地点！你的城是山城（建在山上），还是平城（建在平地），还是所谓的平山城（在平原依丘陵而建）？它守卫的是港口，还是河口？是走陆路就可以抵达，还是须走海路？是沿着狭窄的山路入城，还是得穿过稻田？攻城守城时，这些全是必须考虑的重要因素。

（三）倾斜石墙胜过垂直石墙

日本城的石墙坡度较大，敌人似乎很容易攀爬。那么为何不修成像中国的长城那样的垂直城墙呢？首先，因为日本城的修筑方式和中国的城墙不同，大部分日本石墙都是依丘陵而建，因此自然是倾斜的。其次，倾斜石墙能够减轻地震对城墙的伤害。如果你仔细观察修建得最为出色的城墙，比如说我先前提到过的熊本城，你会发现虽然坡度较大，但城墙的表面十分平滑，因此实际上并不容易攀爬。即便敌人设法爬上了石墙，这也不意味着他就能进入天守阁或塔楼。你可以从里面放箭，或者砸下巨石。突出的长钉也会阻挡入侵者。

（四）城并不防水

高大石墙上的垂直矮墙由夯土和黏土筑成。先在墙外涂上灰泥，再加以粉刷。矮墙上有覆盖着瓦的房顶，要是不注意维修，某场大雨过后可能就要处理房屋漏水的烂摊子了。养护木料上的黏土耗时耗力，但若置之不理就会有大风险。制订一个养护轮值表，这样领地的农夫们无事时就能有点活干了。如果他们需要在田地里耕作，就召他们的妻子和孩子来养护涂层。

（五）武士使用大炮

我们以前不用大炮，但现在用了。去年的大坂冬之阵，要不是因为我们用上了十四斤重的炮弹，逼他们出来议和，我们也许就无法制伏那些叛贼。我想补充一句，使用大炮是最近才在日本的战争中流行起来的。在买下英国人的火炮之前，我们没有能将炮弹射出半里的装置。葡萄牙产的后膛炮没可能做到，推力在炮管里就耗尽了。我们现在有了前膛炮，可以在安全距离之外开炮轰击城中的天守阁。

（六）一些武士背城弃主

这种事情何其可悲。作为攻城方，如果你挟持某个守城者的妻子作为人质，威胁那名守城者，如果不在城内放火，就让他眼睁睁看着自己的妻子被钉死，我觉得他也许会屈服，抛弃数百年来武士的传统。这种情况当然也可能发生在你身上，因此要时常保持警惕，提防叛徒。安排你最信任的武士待在塔楼上，查看有没有附了书信的箭射过来。这些书信可能被射进城中，引诱那些意志不坚定的人，许他们以财富，让他们背叛你——这种信应该马上焚毁。切勿打开。

（七）须有一口水井

有的人觉得光靠收集雨水便行了。哪天你试一试就会发现，储水罐中的水消耗的速度快得惊人。在很多攻城战中，攻城一方把水源切断，战事不久就能结束。那些靠引入附近溪流水源，或是最为糟糕的情形，靠从山下取水（除了雨水）的城是坚持不了多久的。还记得在1570年的长光寺城围城战中，柴田胜家只剩下储存在罐子里的一点水吗？最后他将水罐砸碎，让武士以必死之心英勇冲锋。

（八）城中不足以接纳所有人

在这一点上你必须严格把控。进城的人越多，余粮就越少。你必须要把握好一点——需要增加防御人手，但不能招来一群白吃白喝的人。不过某些人能派上的用场可能超乎想象，而且农夫们反正也不需要吃太多食物。必要的话，女性也可以作战，就像1600年的大森城之战那样。大谷吉继麾下武士发现己方遭到自城中投出的石块的攻击，而操作投石器的是女性，一名武士甚至因此丧命。成年或者未成年女性也可以被派去铸造子弹，修理被损毁的盔甲，还有就是处理好割下来的头颅以供检阅。就算是老年男性也能够拎重物，因此可以让他们把装了箭、子弹或者石块的箱子搬运到矮墙上去。

（九）援军总有一天会来，不是吗？

援军也许会来，但没有人知道何时会来。让我们看一下噩梦般孤立无援的情形，比如1581年鸟取城之战中吉川经家的遭遇。羽柴秀吉围住了山城所在的整座山，并建了观望塔，若有人试图逃离，狙击手就会将其击杀。吉川经家奇迹般地坚持了两百天，其间麾下士兵以死去的马匹甚至同胞的尸骸为食。在1593年的朝鲜蔚山城之战中，加藤清正守城历时长久且艰苦卓绝。他以为自己的下场大概会和吉川经家一样。但最后他看到成群的乌鸦落在攻城部队的后方，就明白援军已经到来。这次经历使他受益良多，他的居城熊本城的后院里现在就种着坚果树，遭围困时可以吃树上的果实。此外，所有建筑物中铺的垫子里填充的不是寻常的稻草杆，而是晾干的蔬菜。这样一来，被切断补给的士兵可以靠它们维持生计。

左图所示为 1581 年鸟取城之战中被长期围困的守军的凄惨境地。饥肠辘辘的守军正在分食一匹死马，过不了多久他们就会同类相食

（十）提防忍者

要是大名被刺杀了，大名的居城不久就会陷落。把我早先对卑鄙的忍者的评论记在心上并时时注意。

如何攻城

上面讲了守城的要则，不过有一天你也许会受命去攻城，因此你也必须知道攻城的要领。攻不下的城绝对不存在，假以时日，就算大坂城也会陷落。要攻下一座城，勇气是必需的，计谋同样重要。我们首先来看看目前使用的攻城技巧吧。

（一）贿赂

要是你可以通过收买使对方投降，又何必浪费宝贵的武士的生命？令人惊奇的是敌军的领袖常常能被劝降。给他们丰厚的报偿，予以银钱田地和封号，他们就会弃城投降。要是你威胁说会处死他被俘的妻室，他投降的决心会更加坚定。

（二）以雷霆之势攻城：最受武士青睐

若一举攻下敌城，你的武者之名将威震海内。不要理会我前面说过的城墙很难攀爬之类的话，只管冲锋就好。攻城的时候，长枪也许不怎么好用，因此让你的随身侍从替你拿着它，带着刀和短刀爬上城墙。手铳这种新奇玩意在这种场合也能派上大用场。最佳战术是命你的足轻铁炮队轮流射击，保持火力不歇。这样一来，守城者就不敢探出头来，你和你麾下英勇的武士就能安全翻过石墙上的矮墙。这种战术的第一个实例是村木砦之战，织田信长使用此战术取得了巨大成功。如果弓箭手们能够对着城墙上的射击孔射击，那攻城会更加顺利。这种战术的最佳范例是第一次入侵朝鲜期间的釜山之战和晋州之战。

（三）大炮、弩弓和投石器

所有与投掷相关的技术都非常有用，但除了射程极远的欧洲大炮，投石器等大型投掷武器在守城时比攻城时的作用更大。攻城弩以前很常用，现在就不怎么用了，因为这些弩弓十分笨重，

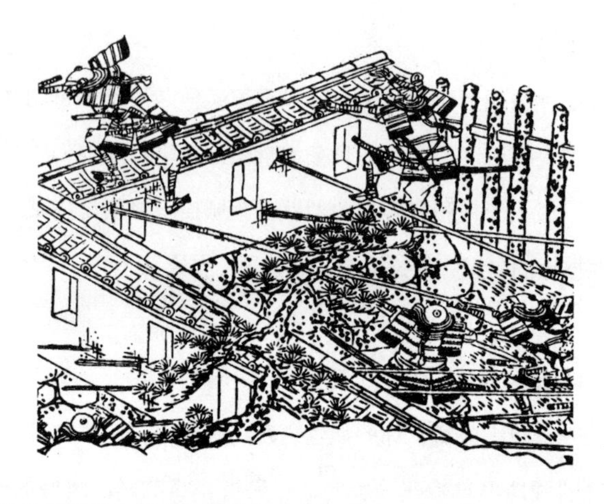

上图所示的是武士们斗志高昂地用长枪攻城。攻城者已经攀上高大的石墙，正准备翻过凿有射击孔的矮墙

只有经过长期训练才能掌握。从中国传入的笨重的井阑和攻城梯同样如此，而且只有在攻打平城时才有实用价值。由于大部分的日本城都多多少少会利用山势，这种攻击方式对它们产生不了什么影响。最近荷兰人带来了一种特别的炮，名为“迫击炮”。这种炮虽然目前仍处于测试阶段，但前景一片大好，因为它们将炮弹射向城墙时，弹道轨迹更高，威力也更大。

（四）牛弹及其他从中国传入的战术

正如我之前提到过的，在朝鲜之战中，我们英勇的武士遇到了各式各样的中国攻城武器，不止移动的攻城梯，远非如此！聪明的中国人在他们的军械库中储备了种类繁多的古怪装置。为防有一天我们还得再和他们作战，在此我会详细描述中国人的火攻战术。举个例子，你听说过牛弹吗？“牛弹”的意思并不是说在牛角上绑上燃烧的火把，使之乱踩乱踏（不过这样做的效果也不错，木曾义仲在 1183 年的俱利伽罗峠之战，北条早云在 1495 年的小田原之战中都用到了这招，而且都获得了胜利）。我指的不是这个，而是用动物携带炸药。将带有定时引线的炸药绑在动物的尾巴上，将这只可怜的牲畜赶到目标区域，一般是城墙的木门处，结果就不难想见了。有据可查的一个例子是 1132 年宋朝的德安城守将在抵御用云梯攻城的金兵时用到了牛弹。还有一个用可牺牲的动物来点火的方法：把装有火种的小容器绑在鸟腿上，当鸟停在敌军屋顶上时，火种就会引燃屋顶的茅草。我不确定鸟能否区分得了敌我双方的房屋，但我们还是不要太纠结这点。

中国人发明的最令人意想不到的攻城术之一是使用可牺牲的动物。左图所示的是一只背上绑了炸药的牛

（五）围城与切断补给线

高贵的武士在主动出击时表现最佳。他当然想跳进护城河，攀上石墙，冲上矮墙战斗。但有时候他必须静待时机。我知道，这并不容易。1584 年，丰臣秀吉与德川家康的战斗便是明证。双方的武士互相敬仰，在著名的长筱之战中还曾并肩与武田军作战。当时，武田家的骑兵为火炮所破，而炮台设置在区区平原之上。因此，当这两支强大的军队在小牧对峙时，他们的第一反应就是在平原布防。无聊感不可避免地随之而来，秀吉表现得非常没有耐心，采用迂回战术带着军队绕了一大圈突袭家康的领地。这个战略进行得相当顺利，家康很晚才发现秀吉的意图。但家康凭借其久负盛名的领导才能，在长久手之战中打败了秀吉。秀吉在整个军事生涯中只吃过这一次败仗。长久手之战之所以发生，就是因为双方都受不了僵持的局面。我提到这个故事只是为了向你说明，即便是最伟大的武士也可能失去耐心坐等敌人投降。值得称赞的是，秀吉在其他很多场战斗中都愿意等待，比如骇人听闻的鸟取城之战，当时城中士兵不得不以尸体为食。年轻的武士啊，耐心是一种美德。

攻城武器的使用技巧

你马上就会发现，战场大乱战时的拥挤程度远比不上攻城之时。想象数百名武士攀上石墙，小心躲避守军砸下的石块——被砸中就会掉到护城河里溺死——的场景。攀上石墙之后，他们还必须爬过白色的矮墙。城中的战斗往往会变成毫无秩序的乱战，你将不得不在狭窄的过道或低矮的房间里使用长枪或刀。这时长枪只可用于刺杀，短刀在挥动时都有可能被横梁卡住。天守阁的楼梯十分陡峭，伤兵如果从上面滚下，很可能顺带拖倒几个战友。铁炮射击时冒出的呛人的浓烟，不多时就会弥漫至各个角落。天守阁一旦失火，除了离开别无选择。要是继续待在里面，你很可能被浓烟呛死。

海战：海贼或是专门人士？

日本的航海传统历史悠久且荣耀可敬。但是我们在这方面的好名声最近被攻击中国和朝鲜船只的海贼玷污。这些恶棍中的不少人来自五岛列岛或九州沿岸，因此外国称他们为“倭寇”。这种说法并不准确，因为很多所谓的“倭寇”其实是中国人。历代将军已表明了对待这些重罪犯的官方态度：一旦抓获，就要处以沸水烧煮之刑。我们之所以为自己的海战技术骄傲，不是因为他们，而是因为我们沿海大名强大的舰队。

在海上作战和在陆地作战大不相同。和灵活的葡萄牙战船不同，我们的船行驶速度慢，而且很笨重，因此我们的海战和攻城十分相似。两船相遇时，双方会先用铁炮互射，并朝对方扔炸弹。拿着抓钩的人会抛出抓钩，固定住船，双方开始白刃战。海战的困难之处和之前描述的攻城战类似。

如果你是一名将领，奉命指挥军队在海上作战，你将面临一个艰难的抉择：是派遣麾下的武士出战（武士可能不适应在海上作战），还是交给专门的水军处理（假若你有）？很多大名两个选项都不选，而是招募金盆洗手的海贼来为自己效力。这样做明智吗？我的意见可能不值一哂，但经过深思熟虑，我还是认为世上并没有所谓的金盆洗手的海贼。我知道织田信长麾下的水军首领九鬼嘉隆的出身背景有些可疑，但他在 1578 年的木津川口之战中战绩显赫，击败了毛利家的舰队。不过还是要记住这一点：不可以完全相信这些人。

11

战争之后

战事结束，将头盔上的绳索系紧。

——1600 年，德川家康于关原之战中的发言

✢ ✢ ✢

你打了胜仗，活了下来，那么现在要做什么呢？你又渴又累，头发蓬乱，浑身是血。你肯定很想直接躺在地上大睡一觉，但是你不能这么做。最重要的一点就是切勿自满。把今川义元在桶狭间之战的遭遇记在心上。伏兵随时可能出现，敌军随时可能卷土重来，因此绝对不能放松防备。不得不说，织田信长确实有从敌人的错误中吸取教训的大智慧。当他坐在姊川之战的“幕”（战地幕帘）中时，一名朝仓的武士伪装成信长的骑兵卫队马回众的一员，混进他的帐篷。护卫们当时虽然十分疲倦，却仍旧警醒，马上发现并杀死了这名乔装的刺客。

战场上一名身负重伤的武士试图扶刀而起，血从伤口中流出，浸透了铠甲

我们应该如何处置战败的敌人？

让我们彻底拆穿一个关于战场上的武士的通说吧。人们普遍认为，军队一旦战败就不复存在了，战败一方会被彻底消灭，因为战败的武士要么在战斗中被杀，要么在战后被处死，要么选择切腹自尽。这和事实相去甚远。战败一方的将领或许会面临上面提到的三种结局中的一种，但他的部下没理由全部这样做。有的时候杀戮是不可避免的，比如在击败叛乱的农民或基督教徒之后（所有无法遵守武士法度的粗鄙卑贱之人都将面临这样的结局）。但是有作战能力的武士是十分宝贵的。1582 年，德川家康在最终

击败武田胜赖之后，之所以将数千名武田家的武士吸纳入德川军，正是出于这个原因。而这件事因为织田信长将原属武田家的骏河国赐给德川而变得更加顺利。家康做的第一件事就是为战败的武田信赖建一座神社。这一举动确实带来了好运，当地恢复了和谐。与此相似，1590 年，家康协助丰臣秀吉攻下北条家的小田原城，北条家的家主切腹自尽，秀吉将此前北条家的领地关东赐给家康。北条家的武士如今心甘情愿地为德川家效力。

检验首级

我本不想再提今川义元这个人，但我们要记住，他遇袭身亡时正在检验首级。我的意思不是说，不应该再举行这种仪式了，而是说这种仪式最好不要在打仗的时候举行。过一段时间再举行，就能做一些准备了。我记得信长骑兵卫队马回众的一名成员告诉我，1573 年新年当天，他们所有人被邀请去参加岐阜城的酒宴，当晚的高潮是信长将他上一年击败的浅井父子和朝仓义景的首级展示出来供众人赏阅。每个头颅都被镀上金，模样可憎得恰到好处。要是在战场上就没办法这么做了。

请容许我说两句题外话。如果你决意要在战场上举行观看首级的仪式又不想出岔子的话，你就必须把这两点放在心上：首先是安全问题（这一点不言自明），其次是准备工作。如果是在城

一名武士将取得的敌人首级呈给将领。这名胜利者将因为自己的出色表现而得到丰厚的犒赏。此头颅不久后会被交给死者家人

中作战，你的侍女会将头颅清洗干净，梳理好头发，并在辫子上挂一个标签，上面同时写着逝者和砍下他头颅的高贵武士的名字。

在战场上举行观看首级的仪式时，应当选在有幕帘遮挡的地方。你可以坐在营帐中的虎皮椅上（我的意思是你将来有一天会成为统兵将领！），右手持军扇或马鞭，左手握住刀柄，看着被砍下的头颅一颗颗地呈到你的面前。每颗你都要仔细检阅，留意死者临死之时脸上的神情，点评一下胜者和死者双方的实力，或许再加上一句应景的感叹人命易逝、万物无常的名句。砍获首级的英勇武士值得犒赏，而失去头颅的勇敢武士至少应该得到你的同情。要是他的死亡真的十分悲惨（比如英年早逝或是某个家族唯

一的血脉），那么你落下几滴眼泪是十分得体的，但不要做得太过头。请一位僧侣来诵经也没有任何问题。

上图是陈列出来供人赏阅的首级之例。阴阳师可以通过脸上的神情来判定首级是否不祥

接下来的一步常常被人忽视。检阅完头颅，结束评论并诵经超度之后，慷慨又周到的胜利者会确保头颅被交还给逝者的亲属。令人遗憾的是，很少有人这么做，而信长把首级保存下来还镀上金的做法在我看来还是有些过分。信奉佛教的人坚信一个人只有以全尸赴死之时，才能前往西天极乐世界并转世重生，哪个部分残缺了都不行。如果你能允许敌人在死后前往极乐世界，世人会觉得你宅心仁厚。

切勿忽视战争结束后的仪式

就像我强调作战前的出征仪式一样，你也不能因为急着庆功而忽略胜利后的仪式。要记住，你的胜利全赖神佛的庇佑，因此向他们表示感谢是十分重要的。何不去当地的神社供奉上一把弓或一柄刀呢？这样做是不会有错的。捐出一些银钱让虔诚的僧侣为逝者诵经祈祷也是再合适不过的事。你甚至可能会想命人在战争刚刚结束的地方建一座寺庙，就像德川家康于 1572 年著名的三方原之战后，在滨松城西北的犀崖所做的那样。在战斗过程中，当地的神社或寺庙可能遭到毁坏，甚至被夷为平地。如果真的发生了这样的事，至少你能出资重建神社寺庙。这样做是相当费钱的。镰仓幕府第一代将军源赖朝于 1180 到 1185 年的源平之战获胜后同意重建被摧毁了的奈良东大寺。他真的知道东大寺是世界上最大的木质建筑吗？

我觉得在此我应该提及小野寺茂道麾下幸存的武士于 1600 年举行的盛大的纪念仪式，小野寺茂道本人死在西马音内城的大火之中。当地有在春种秋收时跳舞庆祝的悠久传统，所以小野寺茂道的武士同样以跳舞的方式纪念他——我相信自那之后他们年年都会如此。

12

旧时代与死亡

叹我如草木，土中经年埋。今生长已矣，花苞尚未开。

——源赖政于宇治平等院佛寺切腹自尽前所撰

✢ ✢ ✢

旧时代的武士

读过前文，你已经知道如何成为一名真正的武士，而不是只做一个拥有显赫的武士身份却举止失当的人。我希望你已经仔细研读过前面的内容。但我还是要强调，没有什么能替代实际经验。因此，随你的主人去江户吧。旁听审讯，阅读《平家物语》，参加茶会，但凡有机会就试着和高手过过招。看到你英勇打斗的身姿，我就能想象你在大坂之战站在我身后的模样（即便今年，也就是 1615 年实现不了，在我有生之年肯定能够实现）。

只有在这样的战场上，你才能成为一名真正的武士。因此让我们想象一下你赢得了最后胜利的场景。四周都是友军或敌人的

武士归隐之后可以出任行政官员，甚至成为学者，著书立说，就像图中这位谦逊的美学家一样

尸体，但你活了下来，准备迎接下一场战斗。倘若你不是靠逃跑而是靠实力幸存下来的，那么你的任务可以说已经完成了。日后还有更多的仗要打，而且我相信你一定会带回成堆的首级，这样你就能够得到丰厚的犒赏，比如被赐予封地，授予官职或者二者兼得。再接再厉吧！你的武士生涯前途无量。也许有一天，你自己会成为大名，睿智地管理着自己的封地。也许有一天，你甚至会成为秀忠将军麾下的重臣。到时候你就可以像我一样选择光荣归隐，剃掉头发，用另一种才能继续侍奉主君。

除此之外呢？我个人的愿望是在去极乐世界之前可以再次披挂上阵，向大坂城中的乌合之众发起最后一击。我知道这会是我人生中的最后一战，如果我能活下来，我想成为一名不老不死的仙人。想成为仙人就必须修行，这意味着我将在山中某处远离人烟的地方度过余生。归隐山林之后我的皮肤会逐渐变白，薄如纸张，我的胡子也会蓄得很长。但我觉得这些还是可以接受的。实际上，我觉得我肯定可以成为一个很棒的仙人。

前往黄泉与先祖相会

总有一天你肯定会辞别现世，和你的先祖一起成为地府的客人。你也许年寿已高，又或者悲惨地英年早逝——谁又能知道自己的寿命几何呢？马革裹尸确实非常荣耀，但只要你的义务都已经尽了，在床上辞世同样光荣。即便没人能知道自己辞世的具体时间，但有的时候武士在临死之前还是能做出选择的——虽然不能选择时间，但能够选择赴死的方式。我们现在必须严肃地谈论这个重大的问题。

十四种自戕的方式

导致你别无选择，只能赴死的原因可能有许多种，而且并不是所有原因都容易被人接受。比如说，你可能因为举止失当，名誉扫地而被要求切腹谢罪。这种情况非常罕见，属于一种宽大的处理方式，如果不接受就只能像犯人一样遭到处决。

有一种极不寻常的自戕动机是表示抗议，这让我想起了震惊世人的平手政秀事件。平手政秀是织田家的武士，织田信长继承家主之位后纵情声色，于是他切腹死谏，希望以此令信长醒悟过来。他的目的确实达到了，他的行为也为人称道，但还是有些可惜。还有一种与此类似的行为，但我们必须毫不犹豫对其大加谴责。我在前文中已经提到过，但这点非常重要，我必须再强调一遍。那就是为了尽快与主人在黄泉相会而为逝去的大名殉死是愚蠢的陋习。继承人失去了有智慧的谋士，失去了一生效忠其父的武士，还有什么比这更能伤害大名的家族？绝不能容忍这种为主人殉死的恶行。

绝对光荣而且注定有意义的自戕行为只有一种：高贵的武士在战场上被击败，于是切腹自尽。切腹这种方式不算常见，而且求死之法不止一种。所有方法都已经被从前的高贵武士尝试过了。

（一）寻常切腹

这是战场上自戕所使用的最常见的一种方式。众人所知的切腹需要你用短刀划开腹部。要是情况允许，先从战场上撤退到清净无人的神社或寺庙之中。然后脱下铠甲，盘腿而坐，将腹部露出，用短刀将腹部切开，静思功过，由是赴死（此时注意身子要往前倾。要是别人发现你的时候，你仰面躺着就太不体面了）。

这是经典的自戕方式。去到一个无人打扰的地方，写下一首辞世之诗然后用刀切开自己的身体

众所周知，切腹时有一个帮手通常会在旁协助。这名忠诚的

友人一定是一名技艺高超的剑客。你用短刀切腹时，他会站在你身旁。

有了助手的帮忙，切腹的疼痛会减轻许多。在你切腹的那一刹那，他就会将你的头砍下来

（二）切腹时作诗

和第一条一样，但在刺下致命一刀之前，先选一个合适的主题作首诗。要是没有纸，就把诗写在你的军扇上。源赖政于 1180 年在宇治川战败后，在平等院（佛寺）就是这么做的。这种行为被认为是最荣耀的。在此种情形下写出来的辞世之句通常都相当简短。

（三）切腹时用血写下辞世诗

这一条是第二条的升级版。切腹后用腹部伤口处的血来写诗，会使切腹之举变得更为壮烈。另外，自尽之前用伤口处的血在寺院门上写下诗句同样值得称道，而且整洁得多。1582 年，明智光庆结合了这两种方式，切腹后用腹部伤口处的血在寺门上写下了一首诗。这实乃壮举。

（四）伏剑而死

这种方法又快又简单，适用于你被困在战场上无路可走时。这种方法没有前三种来得光荣，而且不幸的是还和 1577 年常山城中女性守城者选用的自戕方式相同。对于许多武士来说，被后人记成“以女人的方式自尽”是无法接受的。

（五）口中衔刀坠马而死

这种方法效果又好又壮烈，最典型的例子是 1184 年粟津之战中的今井兼平。咬紧牙，冻实的地面会有帮助。

右图所示为今井兼平在 1184 年的粟津之战中的惨烈自尽。他口中衔刀，头朝下跳下马

（六）口中衔刀跳下城

这一条是基于第五条的，乃 1577 年信贵山城之战中松永小次

郎所为。其父松永久秀用第一种方式自尽之后，小次郎立马砍下他父亲的头颅拿在手上，口中衔刀跳下城赴死。顺带说一句，松永久秀在死之前还砸碎了一只价值连城的茶碗，以防它落入敌军手中（参见第七章的“茶会”一节）。

（七）冒着箭雨冲进敌军阵中

既然敌人可以取你性命，又何必自己动手？这种方式速度快且极其惨烈，1348 年四条畷之战中的楠木兄弟就是典型例子。他们冲向致命箭雨，最终如愿赴死。你看起来会像一只豪猪，而这能为你的祖上大大增光。但是，要注意这个方法也许并不会完全

松永小次郎在 1577 年信贵山城之战中自尽。他口中衔刀，带着父亲的头颅跳下城去

有效。一位愤而求死的武士也许会使敌人大吃一惊，停止放箭，甚至落荒而逃。比如1570年柴田胜家置性命于不顾，自长光寺城大门冲出时的情形。他最终活下来了，赢了战役，得到了丰厚的奖赏，后来又成为一名声名显赫的将领。

（八）迎着弹雨冲进敌军阵中

山本勘助在1561年的第四次川中岛之战中的牺牲就是一个经典的例子。如果武田信玄麾下最优秀的将领觉得这种方式足够好，那么对你来说应该也不错。因此不要抱怨说这些夺命的子弹是被一些卑微低贱之人射出来的。如果不是因为你在那里，他们可能都不会射击。而且下令开火的那个人的身份地位应该和你相当，因此不要不假思索地拒绝这种方式。

（九）穿铠甲溺亡

海战为武士增加了一种可能的死亡方式——溺亡。日本历史上有一些溺水自尽的成功例子。但要注意，当下许多铠甲主要由皮革制成，因此可能会浮起来。而且如果你出身会津藩，那么你很可能掌握披甲泅渡的技能，求生或者炫技的天性也许会使你忘掉跳入水中的初心。

（十）负锚溺亡

经典的例子是1185年坛浦之战中的平知盛。没有什么比这个更好了，特别是你在接下来的数百年间都能够在当地作祟（参见第六章“八百万神明的国度”）。

（十一）负寺钟溺亡

当逆井城被北条军攻陷时，城主夫人自尽。她的死极其值得尊重。她扛着寺钟跳进了城中水塘。

（十二）自刎

做到这个真的非常难，刀刃要锋利，也要熟悉人体的构造。在整个日本历史中，为人所知的例子仅有两个。第一个是在 1338 年藤岛之战中自刎的新田义贞。义贞的马被箭射中倒了下来，将义贞压住。由于够不到腹部无法切腹，义贞便自刎了。此举本身

在日本历史上，有据可查的武士自刎而死的事例只有两个。左图所示为三浦义意在 1516 年的新井城之战中自刎而死

就非同寻常，而据此改编的故事更加离奇。在改编的故事里，义贞自刎后又站起来继续杀敌。另一个例子是 1516 年新井城落入北条早云手中时，三浦义意自刎而死，当时的情形十分混乱。

（十三）绝食自尽

绝食十分困难，也不够壮烈。不过近期也有以绝食的方式寻短见的人，那就是在 1614 年的大坂冬之阵中，矢部虎之助因为参战来迟，羞愧之下绝食自尽。

（十四）活埋

有的时候武士是有理由感到羞愧的。1290 年（大约是这个时候），涩谷重近没能打败敌人，就全副武装骑在马上让人把自己活埋了。

左图所示是两名战败武士的惨状。一名已经战死，另一名试图站起身来

身后之事

如今你已经牺牲了。

尸横于疆场之上，一幅惨烈之景，但不失高贵。你也许被人取了首级，但若是敌人心胸宽广，马上就会将头颅归还，留你全尸。你死之后，僧侣会经过你的尸骸，为你祝祷。即便是战火正盛之时，这些勇敢的人也会如此。一切结束之后，你的战友会噙着泪水将你的尸身运离战场。

无论你是自戕而死还是被敌人杀死，在那之后的事情漫长且至关重要。你的灵魂必须被成功度往西天极乐世界，这将由你在世的家人协助完成。第一步是确保你的灵魂必须和身体完全分离。因为你死得十分痛苦悲惨，要将灵肉分离绝不可能一帆风顺。我在后文中会解释，灵魂没能正确与身体分离，可能招致的严重后果。

下一步就是为你的遗体举行葬礼。尸身将被火化，骨灰被葬入坟墓。有时葬礼会在你倒下的战场上举行。完整的葬礼仪式须由佛教僧侣主持，他们祝祷诵经，使你的灵魂在死后的四十九天里得以超度。神道教的神官不会和丧事扯上关系，神道教主管生前事，佛教主管死后事。

一名佛教僧侣，也许来自你们当地的佛寺，会给悲伤的遗族一块临时牌位。你死后四十九天，这块临时位牌会被正式牌位取代。正式牌位是一块上了漆的黑色木牌，上面用金字写着你的称谓。这块牌位将被供奉在你家中的祠堂里，在随后的数年间，你的妻儿会来祭祀你。

你过世一年后，会以鬼魂的身份过第一个盂兰盆节。你和你的先祖会在这一天返回家中。此时你的灵魂是完全自由的，会慢慢修炼成佛，不过这需要漫长的时间。你的成佛之路需要遗族的帮助（若没有遗族的祷告，灵魂可能会迷失道路）。等一切结束，再没有任何关于你的回忆留存之时，你的牌位就会被送回寺庙，存放在内殿佛堂中的架子上。

这时你便成为神明了，甚至可能会被供奉在当地的神社之中，当地人会前来参拜。但不管怎样，你都拥有了最了不得的身份——先祖。在中国，人们当真是会崇拜先祖的。在日本，我们虽做不到那种程度，但也会尊崇你，并将你的事迹撰写成书，在其后的几百年间传唱。你的后代会通过这样的方式记住你。通过每次盂兰盆节的归家探访，无论逝世多久，你都能永远在家族里占据一席之地。你也可能在极乐世界愉悦度日。

一名成功的武士在生前会一次又一次地为主人出生入死，比如左图中的这名箭术高手

恶鬼及收服之法

那些没有后人祭祀的灵魂会怎样呢？由其他人代替其后人祭祀当然是可以的，高尚的法师也会为这些不幸的亡灵诵经。但悲哀的是，有时候这些都是徒劳之举。我们如何知晓这些呢？因为饥荒、洪水和台风会莫名其妙地来摧残我们的土地。这些事件都是怨灵（恶鬼）所为，它们仍然为生前的张狂执念所困，把怨气撒在活着的众人身上。

幸运的是，还是有方法控制它们的。那就是将其安置在神龛中，将其奉若神明。总有一天它们会被收服，但是供奉之事绝不能停，也绝对不可忽略，以防他们的怒气再次爆发。朝臣菅原道真便是一个例子。他品格高尚却因不实流言被不公正地残忍处决。他怨愤的灵魂施展报复，使作物无收，牲畜死亡。好在智者将其供奉起来，将他尊为学问之神，此后他就不再作祟了。

因此，尊崇并祭祀你的先祖吧，因为他们依赖你就好像你仰仗他们树立的榜样一样。更何况，人人终将辞世。我自己也可能战死沙场。我知道我的肉体也许会有此遭遇，但我的灵魂呢？我的后代会否尊崇我？我当然期盼如此。实际上犬子已让我没有后顾之忧。他已经在马渡城外选好一地，用来建造缅怀我的寺庙，并起名防牛寺。在寺中，虔诚的和尚将为我诵经，使我的灵魂得以安息。最后，我会被尊为神明，供奉在向渡河边古老的马渡神社中，享受一年一度的节日。常陆国的农夫们在狼吞虎咽地吃章鱼丸子时会想到我，一想到此实在令人愉悦。多亏了我亲爱的家人和他们的祝祷，即便在升天之后，我仍有许多可以期待之事。倘若他们不这么做，我绝不会轻饶他们。

总而言之，年轻的武士，除了效仿你们的先祖，也不要忘记遵从本书所言，这样你就会成为一名与自己出身相称的光荣武士。

马渡防牛

将军府管领兼常陆国主

后　记

你们肯定已经猜到了，马渡防牛这个人物是我杜撰的。我以当时德川家康身边几个实际存在的谋士为原型塑造了马渡防牛的生平与性格。即便如此，我们还是可以想象他将《武家物语》一书的手稿呈给德川秀忠，旋即与主公一起策马奔向 1615 年大坂夏之阵战场的场景。大坂夏之阵的确是德川家与丰臣家的最终决战，以一次激战作结。当时守城者冒险出城，与围城的德川军作战。击败迎战军队之后，德川军在大坂城内放火。这座雄城终被攻破，丰臣秀吉修筑的天守阁也被烧毁。

德川家的胜利确立了其在接下来的二百多年间在日本的统治地位。至于那些牺牲在大坂战场的将士，就像我们书中的大管领为自己设想的那样，他们以完全相同的方式为后人所铭记：骨灰葬于当地的佛寺，灵魂供奉于当地的神社，当风吹过杂草丛生的战场遗址时，人们不禁会回忆起他们的往事。

斯蒂芬·特恩布尔撰

年　表

1467 年　应仁之乱爆发

1477 年　应仁之乱结束

1495 年　北条早云占领小田原城

1543 年　欧洲人初次抵达日本

1545 年　河越城之战

1549 年　在加治木城之战中，铁炮首次用于实战

1553 年　第一次川中岛之战爆发

1571 年　织田信长烧毁比叡山延历寺

1573 年　武田信玄逝世

1574 年　长岛城围攻战

1575 年　长筱之战

1576 年　安土城筑城

1578 年　上杉谦信逝世

1580 年　石山本愿寺投降

1581 年　鸟取城之战

1582 年　本能寺之变，山崎之战

1584 年　小牧·长久手之战

1585 年　大坂城竣工

1587 年　九州征伐

1590 年　小田原征伐

1591 年　平定九户政实之乱，日本统一

1592 年　首次入侵朝鲜

1593 年　日军撤离朝鲜

1597 年　第二次入侵朝鲜

1598 年　丰臣秀吉逝世

1600 年　关原之战

1603 年　德川家康受任征夷大将军

1614 年　大坂冬之阵

1615 年　大坂夏之阵，丰臣家灭亡

延展阅读

倘若你觉得我笔下的马渡防牛所言过于夸张，那么下面这两本书会让你知道，其实我在许多方面是有所本的。一本是阿瑟·林赛·萨德勒的经典著作《现代日本的缔造者》（伦敦，1937）。这是一部德川家康的传记。你可以通过这本书了解日本江户时代的敬语。如果你想要了解德川将军统治时幕府内部的勾心斗角，贝亚特丽斯·博达尔-贝利的《狗将军》可能是最好的选择。这本书讲述了德川纲吉的生平。

除了主人公防牛，本书描述的战役、盔甲、武器和日常生活的细节都是真实的。这些细节可以在我或其他作者的书里找到。如果想了解更多关于武术的知识，我撰写的《武士剑客》（牛津、纽约，2008）是一本不错的入门读物。而《武士之城》（牛津、纽约，2009）则是一本关于日本城的综合指南。如果你想了解女性战士，不妨读一读我的《女武士》（牛津、纽约，2012）。若你对日本宗教感兴趣，可以试着读一下《武士与圣人》（牛津、纽约，2006）。本书提到的几场战役，我曾撰写过几本小书，由鱼鹰社出版，如《长筱之战：1575》《川中岛之战：1553—1564》

《大坂之战：1615》《蒙古袭来：1274，1281》《武士擒王：冲绳，1609》等。我在我的网站（www.stephenturnbull.com）列出了我的所有著作。

若想了解更多关于山伏及民间宗教的内容，可以读一读卡梅·布莱克的大作《梓弓》。杰出的学者威廉·韦恩·法里斯、卡尔·弗雷迪和托马斯·康兰的书能让你进一步了解早期的武士。

出版后记

这本由英国历史学家斯蒂芬·特恩布尔撰写的小书，旨在向西方读者介绍世界上最著名的战士之一——日本武士。对于中国读者来说，武士并不陌生。除了传统的小说、戏剧，由于日本流行文化的发达，人们常常能够在现代的影视作品，尤其是动漫作品中见到武士的身姿。新渡户稻造在其经典著作《武士道》中塑造了理想的武士形象，他们轻生死，重荣誉，恪守儒家伦理道德，对主君忠心耿耿，为保卫藩国拼死作战，除了娴熟的武艺，还精通茶道和禅学，这些都使其被当作日本的象征为世人所熟知。

在这本书里，特恩布尔以日本战国时代数名真实存在的杰出武士为原型，杜撰了马渡防牛这个人物，并以他的口吻介绍了武士的方方面面，包括起源、地位、修养、着装，等等。当然，本书的内容并不局限于武士。作者希望以武士为线索，为读者展现日本战国时代的全景，包括大名之间的残酷厮杀、武士与公卿的关系、非武士阶层真实的生活样貌等。可以说，通过本书，读者不仅能够了解武士的各个方面，也可以初步了解日本的历史。

对于今天的读者来说，阅读本书的意义绝不止了解武士本身。一名优秀的武士不仅需要弓马娴熟、武艺出众，还要注重文化修养，知道如何治理领地，品格高洁足以成为其他阶层的表率。文武兼备且具有领导才能，这才是评判一名优秀武士的真正标准。这本书在很大程度上就是在告诉读者，如何成为一个具有这样的能力和品格的人。

服务热线：133-6631-2326　188-1142-1266

服务信箱：reader@hinabook.com

后浪出版公司

2021 年 7 月

图书在版编目（CIP）数据

武士 /（英）斯蒂芬·特恩布尔著；刘恒旺译. — 广州：广东旅游出版社，2021.12（2023.6 重印）

书名原文：Samurai: The Japanese Warrior's (Unofficial) Manual

ISBN 978-7-5570-2591-5

Ⅰ.①武… Ⅱ.①斯… ②刘… Ⅲ.①武士－研究－日本 Ⅳ.①K313.03

中国版本图书馆 CIP 数据核字 (2021) 第 191936 号

Samurai: The Japanese Warrior's (Unofficial) Manual
Published by arrangement with Thames and Hudson Ltd, London

This edition first published in China in 2021 by Ginkgo (Beijing) Book Co., Ltd Beijing

图字：19-2021-240 号
审图号：GS（2021）4809 号

出 版 人：刘志松
著　　者：［英］斯蒂芬·特恩布尔
出版统筹：吴兴元
编辑统筹：方　宇　张　鹏
责任校对：李瑞苑
装帧设计：墨白空间·李国圣
选题策划：后浪出版公司
译　　者：刘恒旺
责任编辑：方银萍
特约编辑：方　宇
责任技编：冼志良
营销推广：ONEBOOK

武士
WUSHI

广东旅游出版社出版发行
（广州市荔湾区沙面北街71号）
邮编：510130
印刷：北京天宇万达印刷有限公司
字数：119千字
版次：2021年12月第1版
定价：52.00元
开本：787毫米×1092毫米　32开
印张：6
印次：2023年6月第2次印刷

后浪微信 | hinabook

筹划出版 | 银杏树下

出版统筹 | 吴兴元 | 编辑统筹 | 方　宇 张　鹏

责任编辑 | 方银萍 | 特约编辑 | 方　宇

装帧制造 | 墨白空间 · 李国圣 | mobai@hinabook.com

后浪微博 | @后浪图书

读者服务 | reader@hinabook.com 188-1142-1266

投稿服务 | onebook@hinabook.com 133-6631-2326

直销服务 | buy@hinabook.com 133-6657-3072